U0330102

轻与重
FESTINA LENTE

姜丹丹 主编

美学权力

[法] 巴尔迪纳·圣吉宏 著　骆燕灵 郑乐吟 译

Baldine Saint Girons
Le pouvoir esthétique

华东师范大学出版社 ｜ 上海

华东师范大学出版社六点分社　策划

主 编 的 话

1

　　时下距京师同文馆设立推动西学东渐之兴起已有一百五十载。百余年来，尤其是近三十年，西学移译林林总总，汗牛充栋，累积了一代又一代中国学人从西方寻找出路的理想，以至当下中国人提出问题、关注问题、思考问题的进路和理路深受各种各样的西学所规定，而由此引发的新问题也往往被归咎于西方的影响。处在21 世纪中西文化交流的新情境里，如何在译介西学时作出新的选择，又如何以新的思想姿态回应，成为我们必须重新思考的一个严峻问题。

2

自晚清以来，中国一代又一代知识分子一直面临着现代性的冲击所带来的种种尖锐的提问：传统是否构成现代化进程的障碍？在中西古今的碰撞与磨合中，重构中华文化的身份与主体性如何得以实现？"五四"新文化运动带来的"中西、古今"的对立倾向能否彻底扭转？在历经沧桑之后，当下的中国经济崛起，如何重新激发中华文化生生不息的活力？在对现代性的批判与反思中，当代西方文明形态的理想模式一再经历祛魅，西方对中国的意义已然发生结构性的改变。但问题是：以何种态度应答这一改变？

中华文化的复兴，召唤对新时代所提出的精神挑战的深刻自觉，与此同时，也需要在更广阔、更细致的层面上展开文化的互动，在更深入、更充盈的跨文化思考中重建经典，既包括对古典的历史文化资源的梳理与考察，也包含对已成为古典的"现代经典"的体认与奠定。

面对种种历史危机与社会转型，欧洲学人选择一次又一次地重新解读欧洲的经典，既谦卑地尊重历史文化的真理内涵，又有抱负地重新连结文明的精神巨链，从当代问题出发，进行批判性重建。这种重新出发和叩问的勇气，值得借鉴。

3

一只螃蟹，一只蝴蝶，铸型了古罗马皇帝奥古斯都的一枚金币图案，象征一个明君应具备的双重品质，演绎了奥古斯都的座右铭："FESTINA LENTE"（慢慢地，快进）。我们化用为"轻与重"文丛的图标，旨在传递这种悠远的隐喻：轻与重，或曰：快与慢。

轻，则快，隐喻思想灵动自由；重，则慢，象征诗意栖息大地。蝴蝶之轻灵，宛如对思想芬芳的追逐，朝圣"空气的神灵"；螃蟹之沉稳，恰似对文化土壤的立足，依托"土地的重量"。

在文艺复兴时期的人文主义那里，这种悖论演绎出一种智慧：审慎的精神与平衡的探求。思想的表达和传播，快者，易乱；慢者，易坠。故既要审慎，又求平衡。在此，可这样领会：该快时当快，坚守一种持续不断的开拓与创造；该慢时宜慢，保有一份不可或缺的耐心沉潜与深耕。用不逃避重负的态度面向传统耕耘与劳作，期待思想的轻盈转化与超越。

4

"轻与重"文丛，特别注重选择在欧洲（德法尤甚）与主流思想形态相平行的一种称作 essai（随笔）的文本。Essai 的词源有"平衡"（exagium）的涵义，也与考量、检验（examen）的精细联结在一起，且隐含"尝试"的意味。

这种文本孕育出的思想表达形态，承袭了从蒙田、帕斯卡尔到卢梭、尼采的传统，在 20 世纪，经过从本雅明到阿多诺，从柏格森到萨特、罗兰·巴特、福柯等诸位思想大师的传承，发展为一种富有活力的知性实践，形成一种求索和传达真理的风格。Essai，远不只是一种书写的风格，也成为一种思考与存在的方式。既体现思索个体的主体性与节奏，又承载历史文化的积淀与转化，融思辨与感触、考证与诠释为一炉。

选择这样的文本，意在不渲染一种思潮、不言说一套学说或理论，而是传达西方学人如何在错综复杂的问题场域提问和解析，进而透彻理解西方学人对自身历史文化的自觉，对自身文明既自信又质疑、既肯定又批判的根本所在，而这恰恰是汉语学界还需要深思的。

提供这样的思想文化资源，旨在分享西方学者深入认知与解读欧洲经典的各种方式与问题意识，引领中国读者进一步思索传统与现代、古典文化与当代处境的复杂关系，进而为汉语学界重返中国经典研究、回应西方的经典重建做好更坚实的准备，为文化之间的平等对话创造可能性的条件。

是为序。

姜丹丹（Dandan Jiang）

何乏笔（Fabian Heubel）

2012 年 7 月

目　录

前言　概念的美学

　　我们主要的问题是要认识现代社会是如何丧失了对美学操控的抵抗力。[①]

　　　　　　　　　罗伯特·哈里曼（Robert Hariman）

　　图像就像一句神奇的咒语：我们知道它行得通，可是我们不知道为什么。[②]

　　　　　　　　　弗朗西斯·戈耶（Francis Goyet）

---

　　① 罗伯特·哈里曼，《政治的风格——权力的艺术》（*Political Style-The Artistry of Power*），芝加哥大学出版社，1995 年，法文版由比里（L. Bury）翻译，巴黎，Klincksieck，2009 年，第 14 页。

　　② 弗朗西斯·戈耶，《作为普遍论题的崇高——古代和文艺复兴时期的修辞取材》（*Le sublime du «lieu commun» -L'invention rhétorique dans l'Antiquité et à la Renaissance*），巴黎，Champion，1996 年。

这本书始于震惊，一个不曾停止过的震惊：为什么我们对美学价值的态度鲜少表现得忠诚？尽管美学价值不言而明，且至今激发我们。为什么我们仅仅关注到美学的"异质性"和美学行动模式的多样性？为什么衡量美学价值的有效性是那么的棘手，尤其是当它们并列、加入或者混合到其他权力里并以不同的名义转化它们的时候？

当然，我们可以认为美学价值是无法定义的，并断言如此，但是这个立场更加危险：这让我们完全屈服于表象和图像，以及操控表象和图像者。这不仅阻止我们调整偶然有效的手段，而且阻碍了我们重归实存的真正径路。当我们被幸存感折磨着，被半死不活的感觉折磨着，所有的事物、他者、我们自己，似乎都不再确定可靠，一切变得如此的遥远而冷漠。在这种情况下，没有什么比美学行动更有益于我们积极地转向世界，关切世界，沉迷陶醉其中，乃至为之震撼感动。在转瞬即逝的过去与切近的将来之间，"当下"在艰难地争取一席之地。抵御削弱它的忧伤怀旧，沉醉于美学行动，让显现的事物发光吧。这个练习在一定程度上可以防止抑郁。我们普遍认为体力劳动疗法或工作疗法，有益于抗抑郁；但是"美学疗法"——通过美学来进行疗愈，或者更准确地说是"宇宙疗法"——是更有效的，因为它击中了我们不能好好活着的根源。"宇宙疗法"认为,宇宙作为一种秩序和部署①,展示装饰美学的原则,如今它的意义明显地被还原了,但是它恰如其是地表达了行动中的美学不可忽略的形式。

美学价值的模糊性

我们将更细致地分析让我们感到震撼的三件事情。首先是烙印在与美学价值之关系上的不稳定性。我们当然可以单方面地不相信它们,乃至怀疑它们会腐蚀我们的判断力。笛卡尔认为对美的爱和对丑的恨是真正的激情,是最危险的激情,"因为通过感知而到达灵魂的东西比通过理性展现的,对灵魂的触动要强烈得多"②。事实上,漫长的哲学传统促使我们去辨别感官"触觉"的力量,而最后以理性的知觉取而代之,似乎灵魂有屈服于理性的使命。

然而我们不采取这个严密一致的哲学立场。美学价值过于让我们着迷,以至于我们无法将其全盘否决。我们仅止于用零星的或边缘化的方式处理它们,仿佛它们不值得持久的

① 柏拉图,《高尔吉亚》(*Gorgias*),508a。

② 笛卡尔,《灵魂的激情》(*Les passions de l'âme*),1649,第85章,由梅耶(M. Meyer)撰写前言,蒂默曼(B. Timmermans)撰写注释,巴黎,Le livre de Poche,1990年。

关注,好像它们是表面的或次要的,以至于最终它们都不那么危险。拒绝了解这一权力却从来没有抑止过它的存在,也没有因为它让人难以理解而阻止它以无法抑制的方式壮大。美学原则难道不是位于放逐之域,甚至被压抑吗?这个驱逐和压抑不正是当代现象吗?这甚至典型地构成了某些国家、阶级和领域的特征。

其次,面对美学价值,我们的态度倾向于混淆它们,也就是说,不去辨认在一个场景里,是什么让我们愉悦,什么让我们着迷,什么让我们思考,什么让我们恐惧,什么魅惑我们,或者什么激发我们的灵感。所有美学价值的意义不在于说服力。它的意义远远不在于此。但是我们却倾向于在同一层面上讨论这些价值——形式的完美,灵感和诱惑,而不追问它们功能的异质性,亦不追问他们的构建原则,严格的"配器法"意义上的构建原则。

我们举个例子,是什么可以让我们进入《美狄亚》,特别是欧里庇得斯(Euripide)的《美狄亚》——2009 年在意大利叙拉古(Syracuse)的古代剧场由克里日托夫·扎努西(Krzysztof Zanussi)导演、艾丽莎贝塔·褒姿(Elisabetta Pozzi)主演——①的崇高?这种崇高难以被觉察到,因为它烙印着残

---

① 2009 年 5 月 9 日至 6 月 21 日。

4

暴可怕的行为。该如何展现，且让人相信，被背叛的爱在叫喊，像欧里庇得斯所塑造的那样，让观众能够考虑到美狄亚和伊阿宋真实家庭生活场景中的争执，并马上站到妻子、外乡人和被抛弃的母亲这一边？在欧里庇得斯的笔下，美狄亚是个可怕的女人，她无所不能，她内心深处发出嘶吼，她将自己完全地交给了血气(thymos)，也就是说冲动，错误的激情。①但是在叙拉古，她并没有出现在一群面目可憎的老人中间，就像在《俄狄浦斯在科罗诺斯》(Œdipe à Colone)里，在同样一个季节，俄狄浦斯坐在老人中间那样。克里日托夫·扎努西剔除了那些不和谐和不优雅的原则，却也没有落入唯美主义，他找到了恰当的美学手段来缓和那威胁着我们的恐惧感。歌队里，那些美丽优雅的年轻女孩，穿着轻盈的黑纱，跳着迷人的舞，温柔而悲悯地向美狄亚吟唱着，以美和优雅结合起来的力量能够包容和理解她的狂怒，至少能够包容和理解这个狂怒所产生的让人心碎的痛苦：这种崇高的痛苦包含了所有女性的痛苦，以及所有人类的痛苦，并使其纯化。

我们要处理关于美学价值令人困惑的第三个问题：我们

---

① 皮若(J. Pigeaud)，《一个女人想要什么?》(Que veut une femme?)，《思/梦》(Penser/rêver)，n°12，éd. de l'Olivier，2007年秋。亦见多德斯(E. R. Dodds)，《希腊人和他们的信仰》(Les Grecs et leurs croyances)，巴黎，Le Félin，2009年，第117页。

最常忽略的是分析它们直接或间接介入、交织进其他价值的方式——这些价值可能并不是那么的浅薄或者昙花一现，它们服务于各种各样、或多或少可敬的目的。

图像效果的实践工作越来越成为专家的、工业的或者商业的事物：这一切好像是因为我们拒绝去理解和理论化这个实践工作，以至于虽然我们痛斥图像本质上是有害的，却无法阻止我们屈服于它的诱惑。如果我们想象我们与美学没有关系，或者我们高于美学，这会使我们无法进步。我们怀疑掌握交流技术和它的美学动力会使其不合法地僭越其他不那么表象化、更实体化的品质。得到这样的结论，于是我们试图对抗我们的"盲目性"，仿佛我们是个例外，仿佛我们可以成功一样。

当下站不住脚的理由之一就是我们长期以来认为政治、修辞术和美学是在各自独立的领域里自主地理论化。我们既不分析它们的相互依存状况，也不去寻找区分——再说是必不可少的——方法论和知识的各种方法。对于现代技术的细致分类，罗伯特·哈里曼揭示了一个有力的结论：

> 主要问题（是）认识现代社会是如何丧失了对美学操控的抵抗力。[1]

---

[1]　罗伯特·哈里曼，前揭，第 14 页。

6

问题不是要去"审判"美学的操控:我们不能"先验"地来谴责或者合法化它,仿佛它自身是好的或者坏的。我们应该认识美学操控的有效性,将其隔离,甚至拆卸其内在机制。一个美学操控总是可以被另一个所代替,因为我们是敏感、易感的存在,总是容易陷入圈套,容易被欺骗。然而,我们需要去识别陷阱是如何设置的,陷阱的性质,以及我们应该如何抵御。

　　拿我们这个时代的一个人物迈克尔·杰克逊作为例子。他被媒体宣称为"神话般"、传奇式的人物,并被塑造成"地球偶像"(2009年6月26日《世界报》的标题)。迈克尔·杰克逊是怎么成功地被塑造成了一个新"神",每一次出场,他是如何激起不同出身的粉丝们的狂热的?"流行音乐之王";影像里的"红角儿";黑人精神的英雄,雷·查尔斯(Ray Charles)的继承者;漂白了的黑人,企图超越种族的区分;一个逃逸的人,是不想长大的小孩彼得·潘,"疯狂的迈克"(Whacko Jacko);放纵的魔鬼,让大众为之兴奋激动;还是命运不幸之人,就在重返舞台之前却五十岁英年早逝,就像希腊悲剧里的英雄一样。这些身份分别占了什么分量?

　　如果说非裔美国明星、煽动的天才或者命运不幸者等形象都在争议中加诸这个歌唱家或舞蹈家的话;那么迈克尔·杰克逊的声誉首先与图像化有关,正是今日的媒体娱乐工业使这一切成为可能。他的音乐以不间断的低哼、饱和满溢的电子低音作为基底,打击乐单调而类军事化的节奏占据了身体,听众随之猛烈地摇摆舞动,扭腰撒胯,屈膝滑步,脸上则涌现出柔和万化的神情。为了理解史上最大销量的专辑《颤栗》(*Thriller*, 1982)的成功,我们必须明白它不是在昏暗的影厅里,不是像它所借鉴的《西城故事》(*West Side Story*,罗伯特·怀斯[Robert Wise], 1962)那样,而是在个人的屏幕上构建真实的启示:其他的专辑,或多或少都只是重复。

声音和身体舞动的这种联系邀请我们加入欢宴,观众和表演者之间的距离变得模糊不清,观众变成了表演者。虽然卢梭既无法想象我们时代这样的一个巨人,也无法想象一种直接制造幻觉的传播方式,但他写道,"给观众一场戏,让他们成为演员"①。我儿子是个非常好的媒介,因为我现在还能再看到他七八岁的时候模仿"月球漫步",连缀着的步子垂直向后穿梭,就像冰鞋在冰上划出片片波浪。录像片让迈克尔·杰克逊的"在场"艺术表演可以产生普遍的,甚至宇宙性的影响,它仿佛通灵术一样实施即时的操控。录音直接源于演出,却无法复制演出;而录像几乎复活了"在场"。在这里,通过生命的活力和节日般的气氛,迈克尔·杰克逊特别能够感染孩

①　卢梭,《致达朗贝尔的信》(*Lettre à d'Alembert*), 1758,巴黎,Garnier, 1962 年,第 225 页。

子和因受不同形式排挤而痛苦的人们。

《美狄亚》的演出尚属于传统范畴,剧场空间十分有限:在欧里庇得斯创造了它二十五个世纪之后,遭到背叛的爱人,外乡人,色雷斯的女巫,她是怎么能够如此激烈地呈现在我们眼前的?而迈克尔·杰克逊对于我们来说更让我们困惑,因为他不仅关涉一个虚构,如同幻觉,他还是个具体存在的人,他的成功与美国的当下,因而与世界的当下密切相关。表演入侵了公共空间,与其说这是政治变成了表演,不如说表演拥有了政治的维度。杰克逊或反-奥巴马,这两个人物构成了二重奏,但第一个是第二个的反衬。作为美利坚合众国的总统,奥巴马是个调解大师,一个追求并达到优雅的民主党人;作为流行歌王,杰克逊在煽动中获得喝彩,甚至临近崇高,并在刻板化"崇高"中吸引着大众。一个因普选而闻名;另一个被崇拜者捧上了巅峰。一个是在城邦中实现自我,成功地完成了阶级和政治的上升。另一个则有骇人听闻的一面,他在社会规则之外:他拒绝他的年龄,他的种族,他的性别和脸;他没有爱,没有宗教,骤然暴富,挥金如土,"他向内转向自己,就像土星在它的死石环里"[1]。

---

① 泰伦斯(M. Terence),《迈克尔·杰克逊名叫未来》(Michael Jackson s'appelle demain),载《世界报》(Le Monde), 2009 年 7 月 7 日。

从接受美学到概念美学

我们到了问题的困难之处。揭示其形象塑造的混合状况并对杰克逊表现出厌恶和反感的态度,这种做法与历史是背道而驰的。因为我们拒绝去理解:美学也是一种意识形态。美学,这是意识形态时下的另一个名字,就算我们把所有的恶都归之于它,也无法阻止它引领这个世界。在轻蔑和狂热之间,我们要寻找第三条路:我们试图抓住一个想法或者一个图像,它组织并涂改滔滔不绝涌现的声音和视觉。这并不意味着以另一种方式去看、去感觉、去思考,真正的目的在于在其中标识出存在,获得想象力。如果说这是外来的事物,问题在于构想进入它的可能门径;如果是关于"普遍论题",那么要停止将其当作无意义的非能指之物,尝试把它当作一个潜在的宝藏,我们把它当作属于我们每个人的一个共同创造性的基底,我们不再仅仅是美学的接受者,我们也同样是设计者和参与者。

雷吉斯·德布雷(Régis Debray)大胆地揭示了视觉的独裁,或者说"纯粹在场"的独裁:

> 不是语言是法西斯的,而是视觉。[……]我们不反

驳纯粹在场，不反驳电视。这一切总是在场的，即时的，不可反驳的。为了再现，过去的瞬间就必须仿佛从未发生过一样，它以几乎在场惹人注目，即时重演。这是瞬时重播，这个羞赧的过去马上更新为当下。①

电视时事以强大的力量压迫我们，我们无法，甚至也不想从中逃避：我们被图像催眠，我们仿佛强迫症般地循环温习那些冲击我们的事件。"瞬时重播"奇妙地描绘了那个已经停止却未成为过去的时间。现在，视觉是如此的迷人吗？雷吉斯·德布雷说道，"我们曾经在图像面前，现在我们在视觉里面"②。这似乎是预期理由，因为遗忘了视觉其实可以和我们保持距离，并可被逐次地解析成连续性的实例。事实上，视觉不比语言更法西斯，也并不比语言更不法西斯：它要求自己成为批判性教育。另外，是电视给予在场吗？说"我们不反驳纯粹在场"，其实是假设了一个空的在场、一个不稳定的视觉洪流能够发号施令。然而，如果说一方面，"在场"是不存在的，并还原为在"未发"和"已发"之间的漏洞或断层，那么另一方面，"在场"也是一个给予：生命给予生命的礼物。

---

① 雷吉斯·德布雷，《图像的生与死》（*Vie et mort de l'image*），巴黎，Gallimard, folio, 1992 年，第 434 页。

② 同上，第 383 页。

拉丁语里的 *praesse* 意味着"先存在"："在场"首先构建了言语的形式，它属于不同的模式——直陈式、虚拟式和条件式。通过暗示永久性和重复性，我们可以让某物"在场"，将其"显现在眼前"。考虑到各种在场显现的"条件"，我们也可以表达愿望或者懊悔。表现"在场(现在时)"有不同的途径和方法——主动语态、被动语态或者中间语态——最终，产生其他的时态。未完成过去时(l'imparfait)，表示在过去的时间里行动实现，或不定过去时(l'aorist)，这个希腊语如其所示指的是不确定，无论是结果或者持续时间都无法被规定。

为了不把视觉和听觉对立，雷吉斯·德布雷卓越地提出"眼睛的声音"这个概念，一个声音"和它一起涌现出图像"，或者一种目光与对象发生从未有过的亲密关系而成为了"听觉的模式"。视域空间，即视觉和视觉体系，取代了书写空间艺术，即图像以及凝视体系。在视域空间里，图像失去了它的第一功能，它求助于他物，而这个他物也是图像。诞生于虚无，没有任何原型，它混乱无序地繁殖。无父，无配偶，它自发地繁殖，如同树林下的蘑菇一样。

我们是否从图像的自由体系退化成"偶像"的暴政？在雷吉斯·德布雷之前，让-吕克·马里翁(Jean-Luc Marion)已经在优美的篇章里向我们揭示了：因为偶像幻影的不断轰炸而导致所有限度的消失，所有对立的消失，乃至"大写他者"的消失。

按照一个严格的柏拉图主义式的颠覆,我们承认图像如物,甚至多于物本身:我所是的并不持存于我所表象的背后;相反,我所表象的(le *look*［形象外观］),一点一点地倾注,最后,完全地渗入人物的最深层……这个图像欲望——完全成为图像的欲望——消耗了我们时代的所有智慧。[①]

灵晕是否真的从构造考究的原创作品里逐渐转移到可以在每个显现中修改涂抹的图片里呢?在迈克尔·杰克逊的例子里,人物形象事实上遮住了视域,人物企图取代作品及其理念。这个事件的本质在于,激起人们的自我认同,让人们看到希望,成功地让人们"触动"、"打动"——这就是拉丁语 *movere*和英语 *to move* 的意义(这也表示"搬运")。与其说,这是去创造一个外在的作品,不如说这是我们创造自己的名字,自己的脸,自己的姿态,自己的声音,它们越是不自然,一般情况下就越容易塑造。维克多·雨果讲的"崇高的怪物"[②],古法语中

① 让-吕克·马里翁,《可见者的交错》(*La croisée du visible*),巴黎,P. U. F, 1991 和 1996 年,第 95 页。

② 参考巴尔迪纳·圣吉宏(B. Saint Girons),《崇高的怪物:雨果、天才和山》(*Les monstres du sublime-Hugo, le génie et la montagne*),éd. Paris-Méditerranée et Max Milo,2005 年。

的 se monstrer 指的是让自己变成一个怪物,跨越这其中所有的危险,这是自我推销的有效途径。

诚然,视频有被动性的功用,它使人钝化。我们不能单单地谴责电视是作为反射性的屏幕、虚伪者、保护者置于我们和世界之间:我们也不能仅仅愤慨电视把我们还原为无名的旁观者,把我们每个人变成了收视率的数据。与其企图逃离或者融入这出喜剧的哀歌,不如去寻找解决方式,重拾我们主动的能力。那么,我们就应该对显现之物保持距离,以批判精神来凝视,简言之,"重新理解"媒体时事的活动。

这也就是说,我们需要超越接受美学,因为它位于创作的下游;在术语的生成和概念意义上构建"概念的美学",一种发现的美学,一种创造性的美学。它可以让我们预期不同类型的表演,看到其中的变化,猜想其中的特殊技巧,欣赏其中的微妙细节。稚幼的孩子们忽然暂停了录像带,仔细品味中止的图像:他们体验到再现的需要,他们学习,乃至努力再现我们向他们所展现的东西;他们沉浸在这个时光里,活在这个事件里,他们任凭自己去触摸、去感知他们所感受到的。

我们以画为例子。当我看一幅画,我对它所展现的力量非常敏感,我只是附带地想到其作者:最重要的是画的内在力量。我们试图去理解它的概念和技术所涉及的问题。我们并不急促地去理解,去进行即刻的自我投射和自我认同:我需要思考的是作品的结构，作品承载的境界和作品的原创性。仿佛有一个力量吸引了艺术家，且凌驾于他之上。"这是纯粹的画"，我们为之感叹钦佩，仿佛这作者是卡拉瓦乔（Caravage）、伦勃朗（Rembrandt）、罗斯科（Rothko）或者其他人都不重要。

绘画教会我们把一幅画当成图像，且高于图像，绘画展现为"显示"和"似乎显示了"之间的争执之域。为什么我们不能学习换种方式来看视频数据呢？为什么我们不能让它们释放出生成性图像呢？这些隐藏于图像之下的图像，类似于古希腊-拉丁人所说的"普遍论题"，也就是说，它能让人做梦，它能让人说话，它产生图画和影像，基于它们，我们同意和否决。

美学颠覆的世界：普遍论题，
生成的形式和图像

在古代修辞术里，取材（invention）似乎并不关乎在我们当代非常重要的原创性和独特性。相反，在古代，取材更加涉及对普遍论题的管理。他们因公共领域的公共性而重视它；他们赏识"重复性"，因为它是公共世界的创造者。对于当代人来说，"普遍的、共同的"（commun）只是意味着庸俗和平凡。可是"普遍的、共同的"的词源可回溯到 commu-nitas，即共同体；以及 munus，特别用来表示献给人民的演出以及组织这个演出的公职(charge)①。*Munus* 既是礼物,也是义务:它既是作为义务的礼物,也是作为礼物的义务。市政府、市政会议(municipalité)一词来源于此,它指的是所有的人参与的公共事务,以及负责公共的善。

西塞罗(Cicéron)的一句话让我们感知到我们与古人之间的差别:

> 这个论题是如此普遍,如果充分加以发展,它将会成为让人信服的力量。②

这表示,论题越是普遍的,它就越有效,越有说服力,它也就越是超越了独特性③。"普遍"等值于"契机"(*momentum*),也就是说,它第一层意义表达的是,它具有决定性力量,因为它让天平倒向了一边或者另一边。我们所要做的是去发现它和发掘它。在这些不同的角度下,它更接近生成性图像,它超越了图像流,成为理性:想象所造的一个宇宙,其中每个存在者都值得承认,而定义却是漂浮不定的。一个全球偶像。

---

① 埃尔努(A. Ernout)、梅耶(A. Meillet),《拉丁语词源》(*Dictionnaire étymologique de la langue latine*)(*DELL*)第四版,巴黎, Klincksieck, 1967 年。

② 西塞罗,《论取材》(*De inventione*),2,77,引自弗朗西斯·戈耶,《作为普遍论题的崇高——古代和文艺复兴时期的修辞取材》,前揭,第 250 页。

③ 弗朗西斯·戈耶,前揭,第 250 页。

如果要重建"普遍的、共同的"一词的古代意义,它的意义超越了庸俗和老生常谈,就要重估创作活动本身。这个活动被轻视了,因为我们常常把它和"机械复制"混淆。事实上,铅板印刷术最初并非活字印刷术,一整块的底板只可以自动复制一页,从一版到另一版之间也没有任何改良。然而,在当代,普遍论题被平庸化了,"这是一种第二阶段的平庸,因而它预设了一个制作,一个个人化的适应;简言之,就是模仿",弗朗西斯·戈耶写道①。普遍论题远远没有被其功用所毁坏,恰恰是其功用成全了它,见证了它孕育丰饶的能力,使其成为共同体的催化剂。

"普遍论题"或"公共图像"如何才能到达这个力量的第二阶段呢? 颠覆视角是必需的,类似马克思和恩格斯让我们注意到的颠覆,作为构建世界的颠覆:

> 如果在所有意识形态里,人类以及人类关系就像"暗室"(*camera oscura*)一样把头放在下面向我们显现,这个现象源于历史生活的进程,完全像视网膜里对象的颠倒源于直接的自然生活进程。②

① 同上,第 24 页。

② 马克思、恩格斯,《德意志意识形态》(*L'idéolgie allemande*),巴黎,Ed. sociales, Classiques du marxisme,第 35—36 页。

当世界被颠覆后，我们能否以及是否应该重建它，就像暗室里的隐喻和马克思对意识形态的颠覆提出的论题所启示的一样？无论如何，尼采给了"暗室"主题有力的回应：目的在于对美学进行内容形式或现实风格上的真正颠覆。迄今为止，我们已经在直接瞬间，关切地或漫不经心地初步了解和感觉到了，我们正在与物构建一种新的关系———一种美学关系，换言之，一种自由地铭写在绵延时间中的间接的无私的关系。而物都是往昔之物，但被完全颠覆和修改，就像置于一个反-世界中，一个对抗-世界中。

　　作为艺术家，我们付出的代价是：非艺术家称为**内容**的"形式"，我们却感知其为"物自身"。因此，我们无疑属于颠覆了的世界；因为自此起，内容对于我们来说就是纯形式之物，包括我们的生命。[1]

这就是维柯(Vico)所说的，当他断言："如果我们认真地反思，真正的诗是真正的形而上学，面对它，不符合诗的物理

　　① 尼采，《遗作片段》(Fragments posthumes)，1887 年秋至 1888 年 3 月，由克罗索斯基(P. Klossowski)翻译，巴黎，Gallimard，NRF，第 213 页。这种对照在马居斯(Marcuse)所著的《美学维度》(Le dimension esthétique)中已有阐述，巴黎，Seuil，1977 年。

实在都应该被认为是假的。"①

这种美学关系颠覆了,其结果是严重的。因为我们的知觉和情绪企图变得比所谓的真实更"真实"。在真实的生命面前,简单的生命仿佛被贬黜。"回到现实里,是谁娶欧也妮·葛朗台?"让巴尔扎克在现实中居然觉察不到哀伤的朋友。夏尔·迪博(Charles Du Bos)艰辛地写作《伊菲革涅亚》(*Iphigénie*)之时,站在有利的位置跟歌德对立:"我要让阿尔吉德国王说话,**仿佛**在阿波尔达没有一个纺织工人是死于饥饿。"②

存在着两种饥饿:身体的饥饿和精神的饥饿。身体的饥饿给予我们深远的教育:它让我们知道他者不可或缺,我们对于他者来说也是必需的,因为一个动物是另一个动物的食物。饥饿重现了我们无法回避的实在,它构建了实在的绝对准则,就像热罗姆·特罗(Jérôme Thélot)说的那样,"只有实在才是饥饿的,只有饥饿给予的才是实在的"③。让人震撼的是,饥

---

① 维柯,《新科学》(*La Science nouvelle*),1744,庞斯(A. Pons)译,巴黎,Fayard, L'esprit de la cité 丛书, 2001 年, §205。

② 夏尔·迪博,重刊于《会议》(*Conférence*)杂志,第二期,1996 年春,第131 页及以下。

③ 热罗姆·特罗,《最初是饥饿——不妥协的协约》(*Au commencement était la faim-traité de l'intraitable*),Fougères, Encre marine, 2005 年,第13 页。

饿是"如此的慷慨":"我需要他者",意味着"这个他者首先是我珍惜爱恋之人,且我受恩于他"[①]。跟肉体的饥饿一样,精神的饥饿也是不容置疑的,它也是慷慨的:它证实了我依存于他者,我无法将我与他者切割;它也教会我对他者的责任,对文明世界的责任。

美学本身既不坏也不好:它是必需的。美学是修辞术的女儿,它是一种知识,它把必然性摆在我们前面,因为它关涉我们最急切需要的艺术:如何说话,以及怎样把话说好。因而,我们将尝试去理解美学和修辞术之间的关系,以便考察 *consilium*(决策)的理论、行动的理论和无声的雄辩的理论曾施加和能够施加何种影响。对修辞术与艺术之关系的研究,事实上,将是我们区分美学和艺术时的一个重要线索。

从修辞术到美学:*consilium*(决策),
行动,无声的雄辩

在知识的名义下,我们通常会欣赏那些今天我们能够轻易地就得到的精密技术。在艺术和科学的名义下,相反,我们仰慕那些更模糊朦胧、更难以定义的东西。它不太涉及局部

---

① 同上,第52页。

的精通,而是关切整体的感性品质,超越个体性的禀赋,终极的智性,整全的概念。这就是拉丁语所说的 *consilium*,它展现最卓越的品质:不是顾问或专家们给予的外在性建议,虽然这些建议可以是有用的,而是西塞罗所说的希腊人的谋略,指的是成熟的个人意图,或类似当今弗朗西斯·戈耶所说的"策略的智性"。①

> 在 *consilium*(决策)里,要考虑必须说的,必须沉默的,以及意见不一致的情况……不仅在演说艺术中,乃至如何生活,都没有比 *consilium*(决策)更重要的了。②

至于其地位和影响,在昆体良(Quintilien)制定的纲要中,看上去属于单纯技术的东西被有条不紊地重新加以定义。世界显现为马克思、恩格斯的反面:在这个世界里,技术失去了自治,从属于使用它们的方案。事实不再是简单的事实,因为我们能够并且必须决定它们是否应该"被否定或者被辩护",因为重要的是,我们该选择什么方式来展现它,以及"粉

① 弗朗西斯·戈耶,前揭,第 39 页。

② 昆体良,《演说术原理》(*De l'institution oratoire*),维基尔(M. C. V. Ouizille)译,沙尔庞捷(M. Charpentier)复校,巴黎,Garnier,1921 年,6.5.5 和 6.5.11。

饰"它——也就是说,掩饰它,隐藏它(因为粉饰[colorare, colorer]与隐藏[celare, cacher]相关)。正义并不是可以机械地实施的,因为必须要抉择"是以正当的名义,还是以公平的名义而战"。这也就是说,我们需要重新创造和经营我们所需要的普遍论题。

最值得我们赞美的修辞知识依赖于 consilium(决策),也就是说它从科学和哲学的角度来重新思考技术。因此,为了定义公共的善,以及召唤它的实现,西塞罗教导我们应该从特殊到普遍,从假设到理论,从有限的问题到无限的问题,最后回到当下。

众所周知,哲学对修辞术的藐视时经三个世纪,然而在过去的几年里,欧洲和美国都发生了一个重要的现象:对修辞术的学习重新出现了[①]。其时,在我看来有一个领域仍然需要厘清:现代美学和古代修辞术的亲缘关系。哈里曼的著作对我们今天来说不可或缺,尤为珍贵,因为如其法语书名所示,他的著作从不同的角度指出"权力是与风格相关的问题"(Le

---

① 参考巴尔迪纳·圣吉宏,《在修辞术残垣断壁上发明美学》(L'invention de l'esthétique sur les décombres de la rhétorique),收入《修辞术:重现的关键》(La rhétorique : enjeux de ses résurgences),第戎讨论会记录(Actes du colloque du Dijon),1996 年 3 月 29 日,由盖扬(J. Gayon)、盖恩(J.-C. Gens)和波提尔(J. Poitier)主编,布鲁塞尔,Ousia 出版社,1998 年,第 99—115 页。

pouvoir est une question de style），或者重拾其美国书名《政治的风格——权力的艺术》①，说"权力是和艺术性相关的"。哈里曼不用"美学"这个术语来表示"创作过程的上游"，通常情况下他用它表示"创作过程的下游"，因此美学时刻的本质特征是"接受"。接受者的知觉、感性、反应、判断、快乐和意识都被称为"美学"②。如果美学有时表现为一种秩序，或者一个领域，它既不是作为一种权力的源泉，也不是作为一种特殊的权力而被调动起来。当美学被还原为艺术作品的效果论，它就会完全成为他律的了。从这个角度来说，美学蕴含我们被更能干的人操纵的领域。

然而，这本著作要质询的真正问题是：如果美学本身不是效果产生的原因的话，它是否可以以其他方式构建。亚里士多德在《修辞学》（*Rhétorique*）里强调感知和效果对于培养审美判断的重要性，然而他并非以此来命名"美学"，他考量了一种不属于"证据"，然而却在辩论和写作中产生直接或间接的绝对必然作用的力量。③

---

① 罗伯特·哈里曼，前揭。

② 同上，第 246 页及以下。

③ 亚里士多德，《修辞学》，第三卷，1—2，1413b，杜夫尔（M. Dufour）和沃戴尔（A. Wartelle）译，巴黎，Les Belles Lettres，1931 年。

因为修辞术的目的是判断,不仅需要把论证和方法变得更可证明,更有说服力;更需要让自我显现某些色彩,并将评判者放置在某种倾向里,因为这样更有利于说服。[1]

演说行为(拉丁语 *actio*),本质上是通过声音、目光、姿态来表现的,这在希腊语里被称为伪饰(*hypokrisis*)。这个表达很有趣,因为法语中的"虚伪"(*hypocrisie*)即源于希腊语 *hypokrisis*,它暗示了行为始终有可能是狡猾或虚假的,而且伪饰表示处于判断之下的(*hypo*,下面,以及 *krisis*,判断),指向判断的,有助于判断形成的东西。亚里士多德并不像后来康德那样把反思性判断和决定性判断对立起来:他向我们展示了,演讲者如何进行自我展现,以及如何在思虑或决定时调动情绪。这是议会文化里不可或缺的。这就是为什么,当我们问德摩斯梯尼(Démosthène)雄辩术中最重要的有哪些时,他回答说,首先是行动,第二是行动,第三还是行动[2]。没有什么可使伟大演说家所展示的当前行为更具有无与伦比的力量了。为了展示这一行为,格拉古(Gracchus)求助于娴熟的音

---

① 同上,第二卷,1,1377b。

② 西塞罗,《论演说家》(*De l'orateur*),第三章,213,库伯(E. Coubaud)和博耐克(H. Bornecque)翻译及编辑,巴黎,Les Belles Lettres,1930 年和 2002 年;以及《演说家》(*L'orateur*),55,扬(A. Yon)翻译及编辑,巴黎,Les Belles Lettres,1964 年。

乐家,借助象牙笛来调整自己的音调。

根据西塞罗的说法,演讲者并不像在面具下行动的古代笑剧演员,他不是真理的模仿者(*veritatis imitator*),而是真理的表演者(*veritatis actor*)[1]。这个真理,他借助"自然给予的某种力量(*quaedam vis a natura data*)"来表达[2],这感动所有的人,包括无知者和蛮夷:

> 话语只对语言的共同体所联合的东西产生作用;精致的思想超过了那些缺乏精致的普通人的头脑;行动,它却让灵魂的运动外化,感动所有的人,因为这是所有人类都体验到的相同的灵魂运动:他们以同样的符号认识这些灵魂运动,这些符号也帮助他们去呈现灵魂运动。[3]

如果说情绪表达比所有基于事实来言说的语言都更具普遍性,这是因为当每个人被打动时,都或多或少是有意识地或者有意愿地使用情绪表达;也同样因为每个人都可能在他者身上认出他自己所制造的符号。自我观察和自我呈现的练习在鉴赏演讲活动中扮演着重要角色,并且有助于我们理解它

---

[1]　西塞罗,《论演说家》,第三章,214。
[2]　同上,第三章,223。
[3]　同上。

的符号编码。

情节的高潮是发生在什么时刻？它似乎为了服务于简单的姿态，而存在于语言被悬置的时刻里。朗吉努斯(Longin)赋予荷马史诗中大埃阿斯(Ajax)的沉默以重要作用。他将崇高定义为"精神的伟大所带来的回声(*hupsos megalophrosunês apêchêma*)"时提到了大埃阿斯的沉默。

> 因此，事实是，尽管没有声音，我们有时仍会欣赏赤裸的思想本身，出于唯一的精神的伟大，就像《奥德赛》第十一卷里大埃阿斯的沉默是伟大的，它比任何的话语都要崇高。①

下沉到地狱，奥德修斯遇到了大埃阿斯，想到自己是以牺牲大埃阿斯的方式获得了阿喀琉斯的武器，奥德修斯便用最"柔和的话语"接近大埃阿斯，但是大埃阿斯却是沉默的，甚至"一个字也没回应"就离开了。如何理解这个事件中的力量？在 17 和 18 世纪，我们不断地重提这个例子，仿佛这是显而易

---

① 荷马，《奥德赛》(*Odysée*)第十一卷，549—564，贝拉尔(V. Bérard)译，Les Belles Lettres，1924 年；朗吉努斯，《论崇高》(*Du sublime*)第九章，2，勒贝格(H. Lebègue)译，巴黎，Les Belles Lettres，1939 年；皮若(J. Pigeaud)译，巴黎，Petite Bibliothèque Rivages，1991。

见的。缘何大埃阿斯如此暴怒，他在冥府中的表达却是沉默无声的？为什么这会成为伟大精神的标志？

希腊语中的 *megalophrosunê*，这里翻译为"精神的伟大"，而非"灵魂的伟大"。我们可以从两方面来说明其重要性：一方面，朗吉努斯并不谈"一个伟大的精神"(un grand esprit)，而是"精神的伟大"(grandeur d'esprit)，因为其超越有限的精神(就像刚才所论述的，绘画向我们显现的崇高超越绘画本身)；另一方面，与其说朗吉努斯要展现道德品质，不如说他要展现的是精神品质。这不同于亚里士多德的"灵魂的伟大"；这关系到概念的力量，它构成了崇高的第一来源。

现在我们可以指出，解读大埃阿斯的困难在于：他的沉默只有出于有限定性的历史才有意义。朗吉努斯避免谈及残酷的屠牛事件和结尾处英雄的自杀，然而就如乔瓦尼·隆巴多(Giovanni Lombardo)所强调的，朗吉努斯例外地强化了两个新的维度：首先，大埃阿斯哀求众神给予他英雄般的死亡，而非生命；其次，作为荣耀的亡者，他哀求死后获得像阿喀琉斯和帕特罗克洛斯(Patrocle)一样的尊崇①。

_____

① 荷马，《伊利亚特》(*Illiade*) XVII, 645—647, 马宗(P. Mazon)等译, les Belles Lettres, 1947 年；《奥德赛》，第三卷, 109—111；朗吉努斯，《论崇高》，第九章, 10 和 12。参见隆巴多，《大埃阿斯的沉默》(Il silenzio di Ajace[*De sublim*, IX, 2]), Hélikon, 1989—1990 年，罗马，Herder, 1991 年。

是什么让大埃阿斯的狂怒成为我们赞赏的源头？他的嫉妒并非仅仅源于渴望——一个总是很卑鄙的情感，因为渴望让我们无法幽默地撤退，尽管我们有自爱的天性。大埃阿斯并不羡慕，他渴望得到赫菲斯托斯（Héphaïstos）铸造给阿喀琉斯的神圣武器，这是因为对荣耀的嫉妒，为了更好地服务亚该亚人，为了证明他是仅次于阿喀琉斯的战士。这就是为什么，与他的死亡相比，他的沉默是那么的喧哗，乃至拥有行动的价值。

大埃阿斯这个形象足以让我们仰慕荷马的写作才华，他让我们的想象能够普遍化，让我们得以构建一个敏感武士的有力图像，他迷恋荣耀。我们也像赞赏荷马一样赞赏朗吉努斯。当他给予他的第一个例子以概念的力量之时，为什么他并不援引注释？他像魔术师一样，选择创造一个图像，孕育一个震惊，以至于我们永远被失望的战士那自我封闭的无声阴翳所纠缠，从而审慎地离开狡猾无比的奥德修斯。

在这个例子里，我们看到了诗性的震惊（战栗震惊，l'*explexis*）的力量是如此的不同于演说的高光的呈现（有生命力的描述，形象的描绘，l'*enargeia*）[1]。这两种情况都涉及心理视觉化技术，或者说涉及如何将精神之物放置到眼前。但在诗性的震惊里，视觉图像是即时性的，似乎属于一个无限性

----

[1]　朗吉努斯，《论崇高》，第十五章，1。

的现在,属于希腊语中的不定过去时。然而,在演说里的展现,视觉图像铭刻在一个未完成时的绵延里,把我们带回过去①。

令人好奇的是,因为镶刻在一个不确定的现在,诗性的震惊似乎更类似于外在视觉。这让我们想起雷吉斯·德布雷所说的"随图像流出"的声音,但我们赋予这个概念以积极意义。此外,"美学"(esthétique)这个词来源于希腊动词 aisthanomai,是从 aiô 而来的,它表示"理解,知觉"。或许美学诞生于听觉的领域,它首先表示语词本身的力量,语词音乐性的力量:它如此有力,我们甚至无法找到它的源头,它在我们的存在里回响,它与源于有限场域的图像不一样,词语声音在外部游荡。我们在世界里面观看、注视,但是我们在自己里面理解,声音"在图像里流动",在声音的影响下,世界之图像,彼此靠近又疏远。

我们的行文有着不同的线索。除了我们已指出其重要性的普遍论题之外;修辞给予我们三个珍贵的具有普遍维度的工具——consilium(决策),行动,以及无声的雄辩;最后是不

---

① 关于呈现眼前的两种方式的对立,也就是说,不定过去时(aoriste)和未完成时(l'imparfait)的对立,诗歌和雄辩术之间方式的对立,参考隆巴多,《讲述文学起源中的经验》(Dire l'esperienza alle origini della letteratura),载梅索里(R. Messori)主编,《讲述审美经验》(Dire l'esperienza essetica),Palerme,Aesthetica Reprint,第 80 期,2007 年,第 17—25 页。

同的风格直接启发我们对美学权力进行多样性的理解。在我们的社会里，"行动"的地位不停歇地上升，我们能毫无疑问、不反常态地区别两个种类的行动：一是直接源于朗吉努斯的概念力量的行动，或拉丁传统中的 consilium（决策）（这是两个接近的概念）；二是一个还原得更彻底的行动，它企图重现一个已构造完成的文本，并忠实地服从于这个文本，而不是企图修改它。至于无声的雄辩，我们需要一直把它保存在记忆里，作为诗性实现的嵌入点。

其时，无声的雄辩诉诸诗学，词语的雄辩塑造了演说的艺术，如果演说家之所以被称为演说家，而非发明者、作曲者或演员，正如西塞罗所说，这是因为"话语最强大的力量，也就是说，讲演的话语风格并不仅仅被演说家单独占有"①。在这些条件下，该怎样决定一个赋予行动的角色——这个为演讲者与听众所共享的"身体的雄辩"（éloquence du corps）或"身体的布道"（sermo corporis）②？如果我们承认大埃阿斯的沉默构造了演讲艺术的顶峰，我们就要面对一个悖论：沉默的雄辩不关乎演说者的自然话语，而更在于这个话语是否是普遍论题，它是否有才能支持和确立起图像。再强调一次，我们不应该只驻留于艺术创造的下半阶段，我们应该溯至上游，直至"偶

---

① 西塞罗，《演说家》，61。
② 西塞罗，《论演说家》，第三章，222。

像"(icônes)或"想象的普遍性"(universels d'imagination），如大埃阿斯；直至普遍论题，如欲望和荣耀。

如今，事实上"偶像"可以是地域性的，也可以是全球性的，也就是维柯所说的"想象的普遍性"（universels d'imagination, *universali fantastici*），这个概念用来表示因为"震惊"而产生的图像，即刻便激发了反思、认同和批评的能力，同时表达了非常多样的情感。公共空间，广义上的广告宣传，不只是面对面构建起来的；它干涉到我们当中的每一个人。那里有普遍性的呼召和某些偶像的普遍化。

这样的升华，这样的渗透，显然是有争议的。此外，我们不排斥对西塞罗的谴责，谴责修辞艺术混淆了不同的类型，将法院变成了演讲台。为了让辩论政治化，政治教育电影和媒体重新使用过去的演说大师所使用的方法①；但是录像技术改变了这一切，我们需要明白当今修辞活动面对着从未有过的冲击。修辞术包括了三重事实：一是物质图像的增殖，二是观众的扩大，以及从未有过的和演说家的近距离接触——我们通过屏幕感知到轮廓最精致的形态，比如，我们可以觉察到容貌、姿态和语调等最细微的那些变化。我们沉浸在视觉直接的承诺里吗？电视用于制造幻觉，还是我们学习通过这制

---

① 弗朗西斯·戈耶，前揭，第424页。

造的幻觉获得更本质的东西？我们应该怎么面对这些传播的消息呢？难道它们只是通过虚无来制造事件？它们只是在玩弄情绪，只是徒然增添我们的力不从心感？

为了理解电视带给我们的全新体验——它不同于诗的图像，不同于讲演的生动描绘——我们要强调"直接的幻觉"这个概念。古人说"艺术的本性是隐藏艺术自身"并不是说艺术应该遗忘自我：艺术应该仅仅变成次要的。我们要求它不要自我显现，不要显露它的手段，让它如其所示地呈现。Le *quid*，即"物"和"事件"，都应该位于"如何"（le *quomodo*）之前。问题其实在于要去认识，"物"和"事件"是在于定义还是取决于存在方式。我们以 1969 年 7 月 21 日人类第一次登上月球的电视直播为例子。我们究竟欣赏它的什么东西呢？科学的进程吗？还是尼尔·阿姆斯特朗（Neil Armstrong）和小埃德温·尤金·奥尔德林（Edwin Aldrin）的勇敢？还是能够观看电视直播里宇航员奇妙的"奥德修斯之旅"的能力？他们把脚踏到了月球上，他们实现了人类一直以来的梦想。

超过二十亿的观众观看了迈克尔·杰克逊在洛杉矶的葬礼。也就是说，观看迈克尔·杰克逊葬礼直播的人数，和观看戴安娜王妃葬礼的人数是一样的，仅仅稍少于观看奥巴马授职仪式的人数。我们不能简单地把这些现象解释为人们迷恋情绪，仿佛成功可以召唤成功。我们要超越这种简单的解释，要去理解,图像和快乐满足了我们的需求,它们"如其所示地呈现"。

真正的革命——印刷术和压膜术的发明有多重预兆。这个革命实际上预兆了视觉化技术。建构得最好的图像不再是那些内在于话语的图像,也不是那些诞生于话语、通过话语的关照而被认可的的图像,而是画布上、纸上和屏幕上的图像。它们是即时可动的,这就如同一种新类型的"论证":并不诉求于"不可见"的论证,相反,它们通过"可见之物"来展示,并且通过"可见之物"来反驳。就如在亚里士多德那里一样,视觉(*opsis*)不是由语词(*lexis*)产生的:视觉获得其自主权。以往所有文明都是通过将语词的价值置于图像之上来实现的。如今,事情发生了变化:可复制的图像拥有了前所未有的自主权,而且实现它的权威性。这是我们每个人都可以操作的,且无需语言论述。这就是为什么,不是语词分析,而是造型图像的分析成为了绝对的需求。

如何区别美学与艺术学

拒绝把美学还原成一个接受理论,想要在艺术的上游而非仅仅在其下游去理解它,这难道不正是将美学和艺术在整体上混淆,或如哈里曼所说的将艺术贬黜于美学的控制之下?

我们首先注意到，一个概念的美学(或 *consilium* [**决策**])回应了我们回溯支配我们和感性之间关系的原则的内在要求。同样，我们所说的不仅仅是一个艺术家的美学或一个艺术作品的美学，也是比如说一个人的美学，一个出版社的美学。

我们接下来强调给美学下定义的困难性。"摹仿"(*mimèsis*)——模仿(imitation)或"再现"(représentation)——在亚里士多德那里属于艺术，属于我们所说的美学，因为"从童年时代起，人类就有想去再现(*mimeisthai*)的倾向……以及寻求'再现'的快乐(*chairein*)"①。模仿必须逼真，然而模仿却带来了最好、最坏，或相似的作品："波吕格诺托斯(Polygnote)画了最好的形象，保逊(Pauson)创造了最差的形象，狄奥尼西奥斯(Dionysios)则塑造了相似的形象。"②美学与实在相关吗？或者与实在的独特性相关？或者相反，与美或丑相关？美学力求表现实在吗？美学是为了让人快乐，或者为了让人恶心？今天"美"被频繁地用作"美学"的同义词。"丑"也是一个有力的竞争者，因为它揭示了一个在感性里的反-感性原则。但是，"实在"(le réel)似乎比美或丑拥有更多的头衔可以被称之为"美学"。"实在"所树立的权威越多，我们越有意

---

① 亚里士多德，《诗学》(*La Poétique*)，48b，杜邦-罗克(R. Dupont-Roc)和拉洛(J. Lallot)译，巴黎，Seuil，1980 年。

② 同上，48a。

识接受它对我们认知能力的挑战,我们就越向"美学的不可能性"敞开。

为了理解美学的定义所带来的问题,我们要回到 18 世纪。这个时期,对于"美学"的定义,理论家在三个意义之间犹疑:一是广义上的感性理论(包括关于感性实在的理论以及关于感性认识蕴含的能力),二是美的理论,最后是艺术的(特别是美术的)理论、科学或哲学。在鲍姆加登(Baumgarten)那里,前面两个意义不曾分离过,因为在他看来,感性认识的完善就是美①;但他探讨的艺术首先是诗学。而且有趣的是,他称"考据学"为发明的文化,这是他的《美学》(Esthétique)唯一发表了的部分(1750 年和 1758 年版)。

美学的第三层意义,也就是说作为艺术的(特别是美术的)理论、科学或哲学,是最晚出现却最广为人知的。这就是苏泽尔(Sulzer)或黑格尔所定义的"美学"。这个定义受惠于美术理论和美术史研究的卓越发展。他们的理论构建归功于温克尔曼(Winckelmann)的艺术史研究。事实上,为了考察

① "感性认识的完善,即是美",出自鲍姆加登,《美学》(Esthétique),1750 年,L'Herne,1988 年,普朗谢尔(J.-Y. Pranchère)译,第 75 页。参考巴尔迪纳·圣吉宏,《美学:定义的问题》(L'esthétique:problèmes de définition),载特罗坦(S. Trottein)主编,《美学诞生于十八世纪?》(L'esthétique naît-elle au XVIIIᵉ siècle?,CNRS,1999 年 3 月 10 日),巴黎,P. U. F. ,2000 年,第 81—117 页。

艺术流派、风格及理论，构建一门奠基于历史学方法论之上的学科毫无疑问是最严肃的。然而这却是有风险的，它把作品还原为简单的"资料"，因为它以一样的尺度处理所有的作品。这难以解释其中一些作品的神秘力量，尽管它们和其他作品有些相似的品质。艺术本身缺席了，或者说作为主体见证的艺术缺席了。艺术史家海因里希·沃尔夫林（Heinrich Wölfflin）也认识到了这一点。他曾经幽默地指责自己，古典时期和巴洛克时期之间突如其来的变化让他意识到仅仅分析"眼光"（lunettes）的变化和表达方式是远远不够的。

艺术史家的工作是奠基于种种美学现象的。这常常激起艺术家的嘲笑，说艺术史家把次要的东西变成了主要的东西，他们只专注人身上不属于"艺术活动"的东西，而仅仅把艺术作品看作一种"表达"。我们可以分析一个艺术家的脾气，然而由此并不能解释艺术作品是如何完成的。我们可以罗列拉斐尔和伦勃朗的不同之处，然而这并不能成为解决问题的方法，因为问题不在于指出这两个大师的不同之处，而是他们如何通过不同的方式，完成同样的目标——"伟大的作品"。①

---

① 同上，第 15—16 页。

对艺术史近乎**绝对**的倚靠成为我们从总体上理解美学的障碍，这阻碍把美学当作感性层面困难而危险的实践，以及作为考据学，发明的学问，真正的力量。事实上，如果没有完成"美学行动"——我以重复的方式，或多或少有意识或有意愿地向感性的异他性"展现了我自己"[①]——就没有配得上其名称的"美学"。我自身，那个想要保护新鲜印象的自我存在，并非产生于瞬间，自我总是缘起于一段历史，一种文化，一个确定性的欲望。完成美学行为，通过真实的美学工作进入感性，这个行为蕴含了偶发事件、经验性、危险性。我想要尝试指出美学行为如何模仿不同类型的艺术行为，以及如何给予后者启示。在普罗提诺和福柯之后[②]，我们常谈论"自我塑造"。然而，我们也同样需要思考一种自我的音乐化，自我的图画化，自我园艺景观化，自我的舞蹈，以及自我的建筑等活动。这些暗含于灵魂修养(*animi cultura*)这个概念，其构造恰恰类似于农业的培育(*agri cultura*)。

---

① 巴尔迪纳·圣吉宏，《美学行动》(*L'acte esthétique*)，巴黎，50 questions 丛书，卡诺讷(B. Cannone)主编，Klincksieck，2008 年。

② "不停地塑造他自己的雕像，直到德性的神圣光辉显现"，普罗提诺，《九章集》(*Ennéades*)，I, 6, 9，布雷耶(É. Bréhier)译，巴黎，Les Belles Lettres，1960。参考福柯，《性史》(*Histoire de la sexualité*)，III，自我关怀(Le souci de soi)，巴黎，Gallimard，Tel 丛书，1984 年，第二章：自我的修养(La culture de soi)。

概念的美学不仅仅是感性的实践,它同样是考据学,假定了我们每个人都拥有那么一点或多或少来说是自愿的权力。这本书计划隔离出其中一些"操作装置",对它们进行区分,并与其他遮盖隐藏它们的"操作装置"相区分。

第一章 美学权力:统一性与多样性

存在和世界只有作为美学现象才拥有永久的正当性。

尼采①

与情感力量没有关系的知识,其重要性只是约定俗成且专断的。

保尔·瓦雷里②

---

① 尼采,《悲剧的诞生》(*La Naissance de la tragédie*)(1872),§5,斯图加特,Kröner Taschenausgabe,1964 年,第一册。参考阿尔(M. Haar)、拉库-拉巴尔特(P. Lacoue-Labarthe)、让-吕克·南希(J.-L. Nancy)译,《哲学全集》(*Œuvres philosophiques complètes*),第一册,巴黎,Gallimard,1977 年,第 61 页。

② 保尔·瓦雷里,《达芬奇与哲人》(*Léonard et les philosophes*),1929 年,收入《全集》(*Œuvres complètes*),第一册,第 1240 页,伊特(J. Hytier)编,巴黎,Gallimard,Pléiade,1957 年。

感性能够被知觉并呈现。感性愉悦我们,激发我们的灵感,魅惑我们;或者冒犯我们,窒息我们,让我们反感。感性很少是中性或者冷漠的。通常我们仅仅满足于分析它特殊的活动模式;但在这本书里,我们着力于理解其中的逻辑、动态和布局。我们不仅处理种种"美学价值",我们的目的是要在感性自身里——它在不断地变化和满溢——厘清"美学权力"。这个权力是一个"行动理性"(*ratio operandi*),其中感性构建了"感知理性和认知理性"(*ratio sentiendi et cognoscendi*)。这个权力呈现为创造世界的力量,构建参照之物的力量,它创造人和人之间真实而和谐(从缪斯女神那里汲取灵感)的关系。

"存在和世界只有作为美学现象才拥有永久的正当性。"尼采在另一个语境里写道,继而补充道:

> 这是真的,我们意识到我们的重要性,和画在画布上正参与战争的战士没有什么两样。①

意识到我们在图画上的角色,这就是艺术和哲学的本质性工作——使我们变得感性。可能尼采想到了斐洛斯特拉都

---

① 尼采,《悲剧的诞生》(1872),同上。这里我们用"重要性"(Importance),作为"意义"的派生,给 Bedeutung 一个常见的含义:être bedeutend,就是拥有重要性。

（Philostrate），后者写过"画在画布上"的猎人，他们以文字的方式离开了画布，却最终可以像凝视图画一样凝视他们中的一个："那个年轻人还在湖上，他保持了把标枪要投出去的姿势；他的伙伴们，震惊了，看着他，仿佛他是被画在那里的。"[①]停留在图像上，而并不外在于图画，他甚至从其内部涌现。也就是说，艺术不外在于生命：它是生命本身最激烈的形式。但我们却倾向于使艺术僵化，就像我们让自己的生命僵化一样。我们想像图像一样活着，我们想要幻化为图像。如前面引述的让-吕克·马里翁所写的那样，这个想要成为图像的渴望是人类的智慧。

我们不能将自己投射到镜子、他者或媒介上来反观我们自己的图像，我们要重新思考"自我图像"其本质上的暧昧不清，这既是我的也是陌生的，这是那里而不是这里："我"是"此在"（*Dasein*），而不是"此间万物的存在"（*Hiersein*），我从不追赶倒影，也不将我与其混淆，否则便如同纳喀索斯（Narcisse）般死去。与其作为主体自我消逝，不如游玩于反照我的那些图像，不能让它们如同铁面具一样罩着我们的脸，我

① 斐洛斯特拉都，《画廊》（*La galerie de tableaux*），I，28，猎人（Les chasseurs），布约（A. Bougot）译，利萨拉格（F. Lissarague）复校，皮埃尔·阿多（P. Hadot）撰写前言，巴黎，Les belles Lettres，1991 年，第 57 页。同样参考，斐洛斯特拉都，《画中的大船》（*Tableaux de platte peinture*），德维热奈尔（B. de Vigenère）译，格拉齐亚尼（F. Graziani）撰写前言，巴黎，Champion，1995。

们要时而用之,时而任其戏谑地漂浮于四周。我们要掌握美学权力的多样性,要让它们一一效劳于我们。它们如此微不足道,断断续续,却又如此不牢靠。我的祖父叮嘱我们:"穿时髦点,孩子们! 我们常常总是那么的丑陋。"我不知衣着入时是否该属于一种义务;但无论如何这是个权力,我可以自由地摧毁我以前的形象,创造新的形象,毁踪变迹,与我自己保持距离。

何谓美学权力?

权力是一种才能(aptitude),它使我们当机立断地去行动、去构思和实现某物;无论通过什么方式,无论是正面的或负面的,去对他者产生真实的影响。形成一个"美学权力",即主张存在着一种感性的权力:表达的权力和共鸣的权力,它既不应该局限于严格意义上的艺术,也不应该被还原为"美"。这个权力位于艺术的上游和下游:上游,艺术进行控制,是为了确定它、净化它和转化它;下游,"重新理解"艺术,表现其价值,使其融入生活,最后扩大并改变我们关于实在的观念。这个权力不满足于以美为榜样:它启发灵感,它魅惑,或显或隐地产生着作用,愉悦或惊恐、产生抑制或驱动的作用。我们可以确定美学权力的五个阶段:即时的召唤,它的双重起源(自然的和人工的),无意识的有效性,以及危险性。

我们认为,在**第一个进路**里,美学权力让我们变得感性,让我们在场,让我们渗透沉浸在其中,让显现之物显现。这样,世界行使巴什拉所说的"挑逗"[①]。世界在召唤,我们诚然可以逃走或忽视,但我们也可以选择回应。在这里,真正"美学工作"的生产引领我们去认识和去负责让显现之物显现。

霍布斯区分了独立、自然的权力——这里的权力指的是拉丁语里"德性"之意,用术语来说就是"自然-道德"——和辅助性权力,后者附着于其他权力;对于亚里士多德来说是快乐附着于行动,鲜花附着于青年[②],这些都是赋予的价值。德性应该支配吗? 运气只应该满足于服务德性吗? 拉丁语"*virtute duce, comite fortuna*"表示的是,以德性作为向导,运气作为伙伴。这就是西塞罗所指的完人了。[③] 16 世纪里昂的一个印书

---

① 加斯东·巴什拉(G. Bachelard),《水和梦》(*L'eau et les rêve*),巴黎,José Corti,1942 年,第 181 页。

② 亚里士多德,《尼各马可伦理学》(*L'Éthique à Nicomaque*),IV,7,1 174b 30,戈捷(R. A. Gauthier)和若利夫(J.-Y. Jolif)撰写前言、翻译和作注,Nauwelaert,1958 年。

③ 西塞罗,《致友书》(*Epistolae ad Familiares*),"致穆纳提乌斯·布朗库斯的信"(lettre à Munatius Plancus),DCCLXXXIX,收入《书信集》(*Correspondance*),第九卷,博热(J. Beaujeu)翻译和注释,巴黎,Les Belles Lettres,1991 年。

商塞巴斯蒂安·格里夫(Sébastien Gryphe)用狮鹫(半身狮子,半身老鹰)做他的章纹,象征勤勉或德性。狮鹫站立在长了翅膀的球上,翅膀表示运气。这些章纹成为他所出版的书的商标。我们重新将这个章纹置于本书的封面:权力总是二元的,权力既是自身的也是借来的,既是中心的也是边缘的,既是必然的也是偶然的。

在法语中,动词"能"(pouvoir)有着混乱多重的语义。按照它的不定式,它同时或依次表达许可、能力、知识,以及做某事的意愿。比如,"皮埃尔能来"(Pierre peut venir)这个句子,根据语境不同,我们理解的意思也不一样。这个句子可以表示,皮埃尔同意(英语 *he may*,德语 *er darf*),也可以表达身体上的可能性(*he can*, *he is able to*, *er kann*),同样也可以表达智性的可能性(*he knows*, *er weiß*),或者表达他的意向(*he wants*, *er mag*)。"能"属于法语中的情态动词,也就是说,这些动词可以被使用为半助动词[1],并服务于不同的组合形式。和纯助动词不同的是,它们失去了部分意义,而纯助动词比如"avoir"和"être"则失去了其全部意义。"能"的不同用法,实际上保持了整体意义:只有境况是适宜的,这个权力才能得以

---

[1] 参见格雷维斯(M. Grévise),《正确的用法》(*Le bon usage*),Paris-Gembloux,Duculot,1980 年,§§ 1511 及以下。

实行;这个词假设了我们天生的禀赋,以及接受到的能力;它与"意愿,想要"(vouloir)相关,如同在但丁的《地狱篇》里维吉尔提醒卡戎(Charon)和米诺斯(Minos):"我们也一样想能够实现我们想要的。"①其次,在德语中,*mögen*(想,愿意)在以前也表示"能,意愿"(pouvoir),这个意义保存在德语 *vermögen* 里。另外,德国人给六个辅助态(*können*/*dürfen*,*wollen*/*mögen*,*müssen*/*sollen*)添加上了 *wissen*(知道),而意大利人除了将"能,意愿"(*potere*)和"应该、有义务"(*dovere*)当成动词之外,还将其视为服务性动词(*verbi servili*),这个术语强化了辅助动词的意义。

语言见证了或强或弱的意义。霍布斯在对自然权力和工具性的权力进行划分的时候就意识到了这一点。

> 自然权力是身心官能的优越性,如与众不同的力气、仪容、慎虑、技艺、口才、慷慨大度和高贵的出身等等都是。获得的权力则是来自上述诸种优越性或来自幸运,并以之作为取得更多权势的手段或工具的权力,如财富、名誉、朋友,以及上帝暗中的神助(即人们所谓的好运)等

---

① 但丁,《地狱篇》,第三部分,v. 95—96,及 V,v. 23—24,里塞(J. Risset)译,巴黎,GF Flammarion,1985 年。

都是。在这方面权力的性质就像名誉一样,愈发展愈大;也像沉重物体的运动,愈走得远就愈快。①

我们发现,除了西塞罗,英国国教徒霍布斯不使用神学意义上恩典(grâce)这个术语,他讲运气或命运,也就是说作用存疑的天意;尽管天意通常被归因于一神论的上帝。其次,让现代读者震惊的是霍布斯把"艺术"作为权力的天然源头。可能他记得朗吉努斯以书信体方式完成的崇高论里所说的话:艺术是人的自然,因为自然"并不习惯于抛掷给偶然性,它的活动也不是毫无方法"②,这是艺术能教给我们的。

一方面,自然向我们揭示它的艺术;另一方面,艺术作为禀赋自我给予。况且,霍布斯并不以自然权力和艺术权力作为区分的界限,而是以拥有不寻常禀赋的独立权力和工具性权力或被工具化的权力作为界限,它们服务于权力笼统的自我巩固。一个不增长的权力就是退化的权力。所有的权力都有变大的使命,通过不同方式铺展其相称的策略。就像孟德斯鸠指出的那样,"所有拥有权力的人都蕴含滥用权力的可能

① 霍布斯,《利维坦》,X(英语版 1651,拉丁语版 1668),特里科(F. Tricaud)译,巴黎,Sirey,1971 年,第 81 页。译者参考中文版,按照前后文本的逻辑稍作修改(《利维坦》,黎思复、黎廷弼译,北京:商务印书馆,1986 年,第 62 页)。

② 朗吉努斯,《论崇高》,第二章,3。

性",这是一个"永恒经验"①,直到它达到其极限之处。

霍布斯和孟德斯鸠考虑的首先是政治权力:城邦的权力归属于机构,适用于优先的一些机关(但是它们不总是清晰区分的),即行政机关、立法机关和司法机关。但是,美学权力并非特例,它远远不只是属于私人领域,它渗透了其他形式的权力,包括政治、科学、意识形态、技术等等。一方面,美学权力自身存在;另一方面,为了让自己增长,或为了让其他不同于它的权力增长,美学权力使用自己。同样,风格构成一种权力,这种权力只能从外部获得:它只将权力给予能够运用它的人。也就是说,所有的风格都是双重的,包含了计算性的表达以及不可回避的表达。(后者也就是布丰[Buffon]所说的"风格是人本身"②,然而布丰不是福楼拜,他说的人指的不是一个独特的艺术家,而是普遍性人性。)权力也总是作为原则而显现,同时也作为其本身的方法而显现:它自己发光,也借他者的光。简言之,既是自律也是他律,既是原则性的也是辅助性的。

如果我们不理解其二元性,"美学权力"这个表达就是同义叠用。事实上,一个权力,如果它不以不同的方式在感性中

① 孟德斯鸠,《论法的精神》(*De l'esprit des lois*),第十章,4,巴黎,Seuil,第586页。

② 布丰,《关于风格的演说》(*Discours sur le style*),1753年。

47

显现其轮廓,它将是什么?但是,从我们被赋予反思权力的那一刻,我们就理解了作为原则的美学权力(比如造型上巨大的美丽)——它的发展或许使用不同美学方法——和其中发展出来的政治权力的差异。**第二个进路**,我们认为美学权力并非仅仅以装饰之名偶然性地附着于其他的权力之上,其自身构建的权力让它进入了与其他权力的竞争。

然而,为什么美学权力的发生常常是不可觉察的,以至于简单地对它命名就让人震惊?权力的有效性独立于其表象(représentation)而显现,但是后者常常协助权力增长或反过来使其消弱。那么我们要区分两个问题:表象的涌现和实际表象的效果。正如伯克(Burke)写道——在题铭中引用——权力的理念越宏伟,在情感上它就越不中立。他接着立刻补充说:

> 最高程度的痛苦比最高程度的愉悦,其强烈程度要高得多;以及……痛苦的观念对于所有居于次级地位的观念都有着同样的优势。①

———————————

① 伯克,《关于我们崇高与美观念之根源的哲学探讨》(*Recherche philosophique sur l'origine de nos idées du sublime et du beau*)(1759 年加入),第二部分,5,巴尔迪纳·圣吉宏译,巴黎,Vrin,1990 和 1998 年,livre de poche,Vrin,2009 年 4 月。中文版参见[英]埃德蒙·伯克著,《关于我们崇高与美观念之根源的哲学探讨》,郭飞译,郑州:大象出版社,2010 年。

痛苦的想法比快乐的想法更深地铭刻在精神中,愉悦可以轻易地被擦掉。弗洛伊德构造了一个思想起源的神话来进行解释说明:他假设了快乐原则作为先导;而现实原则,我们可以称之为表象原则,则出现得更迟。"原发的快乐自我……想要摄取所有的好,而抛弃所有的不好。"[1]首先,(我们)是自动地并完全不进行判断地将所有的痛苦从自我里面简单地"驱逐"出去。表象,它只有在"现实原则"的强迫下才得以涌现。其时,现实原则取代了快乐原则,它肯定了那些我不想归为自己的恶之存在。简言之,不愉快强制地向我呈现它的源头,而快乐引诱我进入表象的懒惰里。

第三条进路,我们定义美学权力是有可能逃离意识的,因为它会倒向快乐原则,而且因为表现顺利的权力的理性,比那个表现被约束的却有驱动力的权力的理性更虚弱。

快乐原则先于现实原则。同时弗洛伊德为这一原则又添加了另一个假设:权职判断先于存在判断。这就是胡塞尔(Husserl)的老师布伦塔诺(Brentano)所定义的,弗洛伊德在1873年到1876年间在维也纳听过他的课[2]。人们最初都只

---

① 弗洛伊德,《论否定》(*Die Verneinung*),1925,翻译并收录于《成效,理念,问题》(*Résultats , idées , problèmes*),II,巴黎,P. U. F.,1992年,第135页。

② 布伦塔诺,《经验主义心理学》(*Psychologie d'un point de vue empirique*)(1871,1911),德冈迪亚克(M. de Gandillac)译,巴黎,Aubier,由 Vrin 重印,2008年。

有适当性的判断,他们只有在必然性的、痛苦的或现实的刺激之下才会上升至存在判断,必然性、痛苦或现实迫使他去呈现那些对他有危害的东西。这些发展的痕迹(种系发生和本体发生层面上的发展)——我们在让人震惊的困难里重新发现了这些痕迹——我们自己构造的某些想法我们却无法将其归因于自己。"您大概觉得这是我的母亲吧;但这不是她",弗洛伊德诙谐地从一个抑郁的、自我否认的病人那里借来这个表达。然而,我们必须要认识到:有一个很常见的心理机制,它陈述真理,却并没有意识到。我们假设真理或多或少来源于他者,并使它外在于我们,仿佛它与我们没有关系。这里表现了一类精神生活,它在他者那里击打我们,而当我们与之相关时,我们却不那么容易意识到。

我们因此添加**第四条进路**,能够更好地到达客观化意识的美学权力,却悖论性地难以确认自身的有效性。想法越是艰难,它就拥有更多的机会去强行实现表象;认识主体的蕴涵也就越是偶然性的。如此,诱惑迷人的想法有可能被埋没,但是在我们没能衡量其对我们价值的重要性的情况下,它可能仍外在于我们。如同黑格尔所教导的,我们应该坚决地区分三个阶段:1)行使中的权力;2)权力的理念(也就是客观的、可表述的表象);3)权力的真理(其理念的现实有效性)。我们面对的问题乃是:要去遵循辩证运动的发展,通过它,经验追随自身,不停地失去又重新获得。

这三个阶段中没有任何一个在情绪上是中性的:权力是最触动我们的,仿佛禁忌一般以最灿烂的形式显现,它总是在可承受的极限的边缘。例外撬开了锁,让我们从自己里面出来,靠近丑陋。丑陋以其不同侧面——不和谐,不雅,堕落——震惊我们。绝对权力的破碎在感性中得到肯定,越出常轨,也就是说让我们完全游离了我们的轨道。

为什么我们存在的强烈欲望如此紧密地依赖于此? 同样,为什么那些对我们来说仿佛是最珍贵的东西却永远消逝了? 为什么在行动中,权力和感性都溃败了? 仅凭强度,美学权力也无法真正预见它的显现与消逝。因此,这构建了永恒的挑战。

我们因此可以支持*第五个进路*,美学权力将权力的本质揭示为既是欲望的阻碍又是欲望的复兴。我们的探索磕磕绊绊,这却使得我们可以维系与不可能性的关系。"凝视,但却抵制触摸",这就是它的原则。"享受愉悦,却不过度。"当这种矛盾的双重性变得模糊暧昧时,它甚至不在精神上留下痕迹。生于永不停息的欲望,思想如战斗一般地发动,它不仅与语词对抗,且与那些逃逸的想法对抗;不仅与他者对抗,且与其运动中自身的懒惰和恐惧对抗。美学权力中断了思想,却同样迫使它不停地超越自身。

如果将美学权力表象化常常是成问题的,其有效性难以测定,刺激性的危险不可预知,那么我们应该认为美学权力是单子的、二元的、三段式的还是多样性的?一个漫长的传统给予"美"一个重要角色;然而我们不能忘记有另一个同样漫长的传统,从古代起就反对前一传统,激烈地与其竞争,比如崇高和优雅。接下来,我们将研究这些原则的数目和传统赋予它们的数字,它们命名的动机,它们与其他种种范畴的关系,它们与艺术风格的关系,最后它们在历史里出现的顺序以及它们取道历史的进路。

美学权力的数目和数字

以问题目前的状态来看,作为"美学家",即寻求联合哲学和历史的美学专家,我们有三个可能的选项:关于美的一元论,美和崇高的二元论,美、崇高和优雅的三元论。我认为,我们实际上可以忽略崇高的一元论,因为处理崇高概念却不理解它和美的关系,这倾向于把崇高剥离美学的范畴①。美和

① 在集体著作《论崇高》漂亮的序言里,让-吕克·南希认为必须撤离唯美主义,并宣称"如果这个文集的所有报告至少包含了一个我们的共同点的话,那就是不让步于唯美主义"。(巴黎,柏林,1988年,第8页)毫无疑问,唯美主义区别于美学,以其强权的意志完全从属于美学;但是我认为我们不能将唯美主义排除在优雅或崇高之外。我们的先入之见是从康德出发研究崇高,基于康德会阻碍我们理解让-吕克·南希,其用语是有历史深度的"我们不是回到崇高,更确切地说我们是源于崇高"。(前揭,第7页)

52

优雅造成的两难困境导致了一个极端的美与崇高的困境;但这两个困境将持存。考虑到我们的历史有着最丰富的资料文献,在我看来讨论美、优雅和崇高的三重困难是适宜的。

多元论超越三元论仍然是一个问题:除了我们已经命名的这些美学权力,就没有其他的了吗? 比如"喜剧"不就是很好的可能性选项吗? 然而我们可以把它放在"优雅"的范畴里,比如法勒鲁姆的德米特里(Démétrios de Phalère)指出存在着"喜剧的优雅",比如康德认为玩笑是优雅的一种形式。受惠于菲利普·厄泽(Philippe Heuzé)的工作,我们组织了一个以"塔利亚(Thalie)的优雅"为名的会议,这个命名表示喜剧的优雅[①]。

其时,难道不需要给予丑一个自主性原则的位置吗? 然而在我看来,事实上这又是在对美、崇高和优雅的反面进行模式化。我越是培养自己对于愉悦的、迷人的和唤起灵感的东西的敏感性,就越有可能对那些让我不愉快甚至让我厌恶的东西,那些无法唤起我的灵感甚至抑制我的东西,那些"祛魅"的甚至让我恶心的东西产生强烈印象。这些都是美学疗法或宇宙疗法的风险。现在,由于有了与之相矛盾的美学原则,我可以准确地学习对抗某一类丑陋的力量了。同样,形态学上的丑可以被抵消,被不寻常的"优雅"所净化;或者,更进一步,

---

① 《塔利亚的优雅和笑的美》,新索邦巴黎第三大学国际会议,2006 年 11 月 17 日至 18 日,厄泽主编,新索邦出版社,2009 年。

通过"惊惧"将其上升到崇高。

确定权力原则的数目为三个之后,让我们尝试给予它们一个数字。"一"指的是孤独且自足的原则,这个原则适宜于"美",正如黑格尔傲慢地说它背负了"哀伤静止的痕迹"①。"二"是成对的形象,也就是用崇高原则去对抗一个根本的异他性,为了更好地动摇主体、触及主体和抓住主体,它击垮主体、剪破主体和剥夺主体。这样会出现两个可能性:或者竞争和对抗持续存在;或者补充和融合。

"三"出现了,按其顺序,回归于一,与其共生;或者作为一、二、三的序列的时间性形式。在第一种情况中,它利于提出在封闭的圆中的等价物;第二种情况,它是一个法兰多拉舞程序的原则,总是对新成员敞开②。

那么,由"优雅"引入的"三"到底意味着什么?通过平缓

---

① 黑格尔,《美学讲演录》(*Vorlesungen über Ästhetik*),II,遗作由霍托编辑(G. Hotho, 1842),法兰克福,Suhrkamp Verlag, 1970 年,第 108 页,参见勒菲弗(J. P. Lefebvre)译,《美学讲演录》(*Cours d'esthéthique*),II,巴黎,Aubier, 1995 年:"悲伤的沉默",第 101 页。

② 参见东布尔(J. Dhombres),《围绕美惠三女神的三和保持平等的三》(Autour du trois des trois Grâces et du trois pour faire égalité),加朗内-拉莫(Garenne-Lamot)的第 9 次访谈,第 24—26 页,2002 年 10 月,皮若(J. Pigeaud)主编,《古典文学杂志》(*Littératures classiques*)"优雅"(*Les grâces*)专刊,第 60 期,2006 年秋,第 135—166 页。东布尔提醒等价关系直到 19 世纪才悖论地被验明。欧多克索斯(Eudoxe de Cnide,也译作尤得塞斯)早在公元前 4 世纪就预示了这个概念,不仅成功地定义了两个量的关系,而且还有类比关系。

回归于"一"和平等的关系,对偶"二"是否总是一个可以急迫地回避冲突的方法? 我们是否跟两组可代替组合方案相关:美/优雅,美-优雅/崇高?

就历史层面而言,美-优雅的非此即彼,从多个方面预示了当代美-崇高的非此即彼。后者出现在一个被认为必须对神学主要概念进行世俗化的时代。"上帝的趣味"这个概念在"崇高的趣味"的产生中扮演了重要角色:18 世纪中期,孟德斯鸠和伯克都清楚地表达过"崇高的趣味",但五十年之后这个概念便失去了其有效性①。恩典/优雅(Grâce)的命运是类似的:尽管席勒的论著《论优雅与尊严》(1793 年, *De la grâce et de la dignité*)明显是一个例外,但该书将"恩典/优雅"这个概念彻底地世俗化,将其理解为优雅(*Anmut*)而非神恩(*Grazie*,由温克尔曼引入的术语)。启蒙时期的后半个世纪,即崇高权力到达其顶峰的时期,恩典在美学思辨中消失了。

命名的问题

我们遇到了一个棘手的问题:命名的选择。我在名词和

① 巴尔迪纳·圣吉宏,《崇高概念——从古代至今日》(*Le sublime de l'antiquité à nos jours*),巴黎,Desjonquères,2005 年,第四章,"从上帝的趣味到崇高的趣味"(Du goût de Dieu au goût du sublime)。

动词之间踌躇,也就是说在美、崇高、优雅以及符合其活动的动词之间迟疑。我常常选择后者,因为动词是"运动的天使"①,我们也可以称其为天使的运动:最深层和隐秘的活动总是能赋予生命强度。"如果我想生活,我必须成为一个天使。"②如果我寻求活下去,我就要成为一个天使,这仿佛使得我的生存方式能够永恒。我们因此提出接下来三组命题:

1. 我们称那些自身愉悦且通过自身而愉悦的为"美"。它仅仅次要地通过我们来承认自身。

2. 我们称那些持续启发我们灵感的,且经得起批判考验的为"崇高"。

3. 我们称那些使我们着迷的,作为"给予"而显现给我们的为"优雅",为此我们持续地或多或少失去了我们的缄默。

"恩典/优雅"(grâce)这个概念,在某些情况下比"优雅"(gracieux)更合适。因为恩典/优雅依然保持神学上的回音,这在历史上曾经很重要,这也是 18 世纪后半期它被逐步取代的原因之一。然而,这并不妨碍我有时使用"优雅"这个形容词,期望它因与恩典/优雅相近而被给予更多的光辉。实际

---

① 波德莱尔(Baudelaire),《哈希什的诗》(*Le poème du Haschich*),收入《全集》,勒当泰克(Y.-G. Le Dantec)编辑,皮舒瓦(C. Pichois)复校,1961 年,巴黎,Gallimard,Pléiade,第 376 页。

② 尼采,Kröner 出版社,Taschenausgabe,第十卷,第 356 页,《人性的,太人性的》(*Human, trop humain*)和《朝霞》(*Aurore*)时期的遗作片段,§1143。

上,优雅总是处于次要的地位,让我震惊的是,我们不懂得感激那些其"恩典/优雅"让我们开心的人物,是他们让我们和世界和解。

名词化的形容词"美"(le beau)和"崇高"(le sublime),反过来比名词的"美"(la beauté)和"崇高"(la sublimité)更适合,因为它们用恰当的语言表示参与一个原则,且不是完全的、完整的肉身化原则(incarnation),也不是感性里的具象化。在我尝试对崇高概念进行历史构建时,我遇到了这样一个问题:如何理解希腊语中的 *hupsos*? 从布瓦洛(Boileau)起,我们就将希腊术语 *hupsos* 翻译为名词"崇高"(le sublime);而拉丁语传统中的 *sublimis*,我们翻译为形容词"崇高的"(sublime)。我们该如何对其进行解释? 其实形容词不过是用来修饰名词;在这种情况下,形容词塑造了一个风格化的权力,而不是通过自身构建这个权力。拉丁语与希腊语不一样,它是没有冠词的,不能在使用中即刻将形容词转化为名词。名词"崇高"(*sublimitas*)事实上修饰了一种类型的话语,但并不是表示一个崇高的原则。

有人可能反驳我,从波德莱尔起,名词化的形容词"美"(le beau)和名词"美"(la beauté)就不存在真正语义上的差异了。波德莱尔说,"世人啊,我很美(belle),像石头的梦一样"。在《恶之花》(*Fleurs du mal*)的第 17 首十四行诗中,他说过"美"这个名词,名词的"美"不再仅仅是作为形容词"美的"所修饰的特征,它成了有性征的"人格化",它的声音给我们留下了深刻印象。事实上,我非常确信我们要谈论的是形容词化的名词"崇高"而非名词"崇高"。然而在现代语言里,要在名词化的形容词"美"和名词"美"之间做选择却是很难的。还要指出"优雅"(la grâce)是阴性词,"美的"(le beau)和"崇高的"(le sublime)是阳性的,这样解释似乎更可能促成优雅和美、优雅和崇高这两个组合了,然而美和崇高倾向于彼此分隔。"所有的权力都是有性征的"[1],我们不能忘记巴什拉深刻的警示,伟大的词语梦想家让我们去考虑词语结合的可能性。

尽管我们做了理性化的努力,但术语的游离和不稳定性是不可避免的,因为我们企图跟随经验活动,而不将先验的规定性硬套到经验上。我会要求读者对我的一些简化的表达进行强势版的解读:比如要把"这是美吗?这是崇高吗?这是优雅吗?"理解成"显现了的权力是美,是崇高,还是优雅?是愉悦的,启发灵感的,还是魅惑的?"

权力,风格,范畴

现在,美学权力的三个原则与文学批判、艺术批判,以及

---

① 加斯东·巴什拉,《梦想的诗学》(*La Poétique de la rêverie*),1960,巴黎,P. U. F.,Quadrige丛书,1999年,第31页。

普遍意义上的艺术史所构造的范畴保持着什么样的关系？我们要避免进入超-历史的陷阱：美学权力的原则不是纯粹的思辨整体，它们既不是构建的，也不是无中生有的改写，它们首先与某些历史上的某种激情类型、作品和风格保持了关系。没有比这个例子更有用的了，洛可可和新古典主义这两种风格消失很久之后，它们才作为历史-社会范畴被构建成概念，可以说直到20世纪下半叶洛可可风格才与巴洛克风格严格区分开来。事实上菲利普·曼盖(Philippe Minguet)论证洛可可既不是巴洛克的一种变种，也不是巴洛克发展出来的完整形式，它是18世纪上半叶诞生于法国的[①]。

　　如果本书不过多处理案例分析，也并不优先处理优雅与洛可可的关系，美与古典主义的关系，或崇高与巴洛克的关系，又或者关于夜的绘画、景观画、大革命时期的建筑或我最近的写作中处理过的大地艺术(land art)，为了从范畴出发理解"特征"是如何奠基的，那就要意愿明确，进展节奏迅速，也就是说，以简单的方式来谈论美学原则本身。现在我们必须至少暂时性地颠倒我们的角度：我们不从一个预先设定的领域开始工作，必须在经验、作品和学科之间丰富的互通往来中比较其有效性。

---

　　① 菲利普·曼盖，《洛可可美学》(*Esthétique du rococo*)，巴黎，Vrin，1966年；《巴洛克法国》(*France baroque*)，399，巴黎，Hazan，1988年。

每个人都思考那些他所认为最丰富的对照物,如果他能在一幅画中找到画家对皮耶罗·德拉·弗朗切斯卡(Piero della Francesca)、米开朗琪罗(Michel-Ange)、科雷乔(Corrège)三个人的参考,这些毫无疑问是艺术史整理的最好资料。这并不能妨碍他去寻找那些孤立的例子,去寻找美学权力繁复多样的组合,或者他愕然地发现在给定的一个历史时期里完全缺失例子。

美学权力的比较方法

在本书的最后附有美学权力的比较方法的纲略性图表,其目的在于通过比较,很快识别出它们依次出现的标准和它们的整理模式。我们要认识到,我们开心愉悦的时候,我们可以没有灵感,也可以不陶醉入迷。我们有灵感的时候,不一定心情愉悦,也不一定陶醉入迷。我们陶醉入迷的时候,无需开心愉快,也无需有灵感启发。我们甚至可以说,这三个活动其中的任何一个,要达到纯粹,都理应或者在实际上排除掉其他的两个活动。

我们是否要把"优雅"放在"美"和"崇高"之间呢?这样的排序似乎是希腊-拉丁传统中确立的秩序,其时我们可以将前三者对照"清晰"、"辞藻华丽"和"激烈"这三个话语风格或类型(*genera dicendi*)。同样,我也遵循这样的秩序对政治权力进行分类——将"美"置于保守主义之侧,"优雅"置于改良主义之侧,"崇高"则置于革命性的一边——这样做似乎能产生丰富的思想①。然而当我们考虑建筑或神话时,这个秩序似乎是无效的。一方面,多利安风格的柱式、爱奥尼亚风格的柱式和科林斯风格的柱式在历史上分别被形容为男性形象、女性形象和少女形象,这个秩序的划分可以导向崇高、美和优雅的分类——温克尔曼所奠定的艺术史就确定了类似的秩序。另一方面,古希腊三个神话人物赫拉、雅典娜和阿佛洛狄忒,分别象征了美、崇高和优雅;而在基督教的三位一体中,至少根据天主教的教义,基督表现了崇高,圣灵表现了优雅。我们也可以进行其他形式的类比,尽管这似乎没有那么强的说服力,特别是,杜梅齐尔的中世纪的功能三分(宗教、战争和生产),区分了教权演说家(*oratores*)、贵族战士(*bellatores*)和第三阶层的劳动者(*laboratores*)。

如果这三个原则的秩序是流动的,那么,进行这样的对照必不可少——结构主义使我们更敏感,这帮助我们思考概念的模型——以宽松可变的方式组织我们与美学权力的关系。

现在,我开始处理美和崇高的两难问题,随后是美、优雅

---

① 考夫曼(P. Kaufmann)对政治权力临床特征的描述让人振奋,参见《政治无意识》(*L'Inconscient du politique*),P. U. F.,1979年,Vrin,1988年。

和崇高三者的困境。为什么这样处理呢？原因很简单，从历史的角度来说，在"崇高"之前，优雅也曾经用来对美进行批判。这需要重新构建，然而只有在我们理解了美的权力必须相对化之后，才能清晰地呈现这一构建。这不只是一个理论的比较，也是美之权力与其他美学权力的竞争。

伯克和康德认为美接近于优雅，对此我很早以前就感到震惊。他们两者都不将比例和适度作为美的属性；他们两者都将爱作为"美"即刻产生的效果，同时康德认为审美判断和认知判断没有任何关系。我们的时代似乎是一个充满悖论的时代，"专家"变得越来越多，而且变得对我们的生活越来越重要，他们将美学和艺术史作为科学而进行构建。不可否认的是，伯克和康德这两个作者都首先考虑崇高这个概念。他们放弃批判一个学院化、对象化的美，然而如何解释他们以如此极端的方式处理美和崇高的非此即彼的关系？

研究的困难在于去理解他们从"优雅"那里剥夺的和他们所赋予崇高的东西。然而，这个显而易见的盗取过程真正始于康德（第五章）。事实上，伯克满足于将优雅理解为美的一个类型。然而，康德最终排除了优雅及其美学魅力，同时他将情绪（*Rührung*）只保留给了崇高。这如何解释？

回到我们的"美学权力的比较方法"的纲略性图表：读者会发现，既非伯克意义上的美，也非康德意义上的美，刻画了这里的美。为了读懂这个图表，要理解这个图表上属于"优雅"的右边那一栏是特别机动的，它可以把自己的元素借给"美"和"崇高"两者，它甚至时而可以消失。左边栏"美"和中间栏"崇高"扮演极点角色，也更加稳定。根据黑格尔极点颠倒的原则，它们的某些因素受"优雅"的吸引，又或者与其互通有无。

对两个概念进行比较，要比对三个概念进行比较更简单。如果说我的方法对读者来说似乎是一种折磨，是因为我的目的在于指出美学的三个"支柱"在建筑学意义上(而非仅仅图表意义上)是如何出现的，在我们对美学进行构建奠基时去对它们进行区分、对照和对接。

本书的挑战

从"美学权力"着手进行我们的研究，其长处在于它允许我们勾勒艺术的意义这个问题，以及将其呈现为一种语言。如果对于"所指"或"所指缺失"的追问，对于语言的追问——而语言倾向于原地绕圈——是以均质的估值对一部作品、一种姿态和一个面孔进行定义的尝试，这样就隐藏了更具体的操作：那些对我们产生效果，并让我们感受到和能够把握衡量的东西，不仅仅是瞬间的，也是绵延的；不仅仅是意识的瞬间，也是事后的效果。事实上，有时会发生这样的事情，一开始我们没有关注到一幅画、一部电影或一段音乐，它们却回来反复纠缠我们，迫使我们去分析它们的权力。然而，我们总是倾向参照"所指"，仿佛它们预先存在于美学行为之前；我们相信语言的绝对存在，仿佛话语并不改变其状态。

瓦雷里挑衅地确认："与情感力量没有关系的知识，其重要性只是约定俗成的且专断的。"[①]歌德对席勒说，"说到底，我憎恨那些不鼓动或激励我行动，却只教育我的一切"[②]。这句话粗鲁而祛魅，可爱而主观，类似宣言。这里指的是知识失落了，失去了它的现实性，我们也没能揭示这个知识。"是的，诚然这构思得很好，这是美的；但是这用来做什么？这并不打动我"，我们说着说着就转身走了。为了使知识真的成为知识，也就是说权力，就必须让它自己有生命活力，或者我们让它有生命活力；我必须通过一个作为生命的运动来拥有它和传递它。

但是如何区分真的知识和失效陈旧的知识呢？我们要追问哪些标准是中肯的，如果这些标准能够聚合生效，或也可能

---

① 保尔·瓦雷里，《达芬奇与哲人》(*Léonard et les philosophes*)，《全集》，第一册，伊捷(J. Hytier)编，巴黎，Pléiade，第 1240 页。

② 1798 年 12 月 19 日，歌德致席勒，在《非现时考虑》(*Considérations in-actuelles*) II 里被尼采所引用。

分别独立生效，那么我们如何成功地使其融合呢？也就是说，基于哪些原则我们创立我们的等级？作为学术招聘委员会的成员，让我震惊的一点是：当我们判断一项工作是否成功，是否符合某些规范时，通常是没有问题的，专家彼此可以统一意见。当我们要衡量一篇博士论文在其专业维度之外的意义时，或者说我们不以否定性质量（也就是说没有不正确或者没有错误）来衡量写作是否出众，而是它是否展现了活力，大家的分歧出现了。如何用几个词来传达重构问题的强大力量？如何用几个词来表达一个被"假定"为原创的风格实际上向我们传达的力量？

其时，问题不仅仅在于交流变得越来越困难，越来越缓慢，我们越来越多地诉求于我们所允诺的信誉。面对晦暗不清的诱惑，智性同样会抵抗情理。正如康德所表示的：

> 品位是智性障碍。我需要读并重读卢梭，直到表达的美不再困扰我；到我能用理性理解为止。[1]

"表达的美"到底说的是什么，以及我们为什么要对之无

---

[1]　康德，《对美和崇高情感的观察》（*Remarques sur les Observations sur le sentiments du beau et du sublime*），《全集》，第七册，柏林，Académie des sciences de Prusse，1942 年，第 30 页。

感？为什么想剥夺卢梭思想中的美？为什么将其认为是可消除的、多余的且危险的装饰？混乱昏昧为什么最后未能让思想飞跃，反而让思想瘫痪？事实上，康德重拾了笛卡尔在《谈谈方法 I》中肯定的论题：

> 那些论证得最强有力的，对自己的思想理解得最好的，并最后使它们变得清晰而且明白可懂的，他们总是能够最好地使人信服他们的提议，尽管他们只会说下布列塔尼语，甚至从来没有学过修辞术。

我们注意到，问题在于笛卡尔说的不是论证得最好，而是论证得最有力或者说最有活力的。笛卡尔和康德不停地反复思考推敲，他们认为理性的权力高于其他所有一切。然而这是我们这些 21 世纪的人不应该赞同的。事实上，我们似乎认为一个简单的服务性工作①导致了理性与常识分裂，理性仿佛与目的性——它甚至无法定义自身——无关。今天，我们不可能不注意到，我们寄予理性权力以发展的希望落空了。其他的权力在与理性竞争，企图努力地实现普遍性，它们拥有

---

① 参见圣塞尔南(B. Saint-Sernin)，《20 世纪理性》(*La Raison au XXᵉ siècle*)，巴黎，Seuil，1995 年。

构建能力，能够有效地激发人们的热情。要重新归还感性、想象、记忆、意愿和激情那些属于它们的质（qualités）。为了唯一的理性，我们曾经剥夺它们的质。

权力以不同的方式重新分配；特别是在新的视听技术的促进下，美学权力在各方面蓬勃发展。因此我们要注意厘清其影响，特别地给予批判。重要的是我们要追溯分析其准则。对于一个具体的，旨在激活权力，以及在我们身上实现其有效性的"践习"来说，这是必不可少的。同样，我们不应该仅仅以计算性衡量这个效果，也要想象它们的效用在不同形式的"另一个自我"上产生的效果。在"美"的权力的附近，出现了其他的权力，通过表象我们可以或多或少地获得这些权力。

更准确地来说，目的并不应该是要回归某个或多或少神秘的感性，相反，而是应该缓慢地进入发生在我们身上的智性的过程，给予它不同寻常的关注。"感"不是一个简单的工序活动，这是一个必须反思的活动。如果不回头反思这一进展，即不后退一步重新感觉到"感觉"就无法进展。"官能"（faculté）理论存在的一个最大问题就是假设了一个感性的存在和一个理性的存在。事实上，感性需要被智性化，同样，智性需要被感知。孟德斯鸠写得很深刻：

尽管我们将理念和感情对立，然而，当（灵魂）看到一

67

个物时，它就会感觉到它。如果（灵魂）看不到或者不相信自己看到了，那么它就感觉不到了，也就不存在智性之物了。①

思想旨在看，或者相信自己在看，它被显现，或自我-显现。这两种活动的区分要求采取各种程序，目的是构建一个公共世界。最让人震惊的是自我认识和自我定位是非常困难的。长时间里，我们仍被来源于别处的思想所恫吓，我们无法将其占为己有。如何能够感知我所感知的，去渴望我所渴望的，去思考我所思考的，甚至重新找到我的思想？有时我无法确信自我，我任由自己被其他的想法所恐吓，为了寻找之前的想法，我必须和自我进行斗争。我与自我根本不重叠。这让我暴露在屈服于整体权力的危险之下，这种权力施予我之上，将我变成历史长河上毫无自我意愿的浮萍。

我们将这个不可避免的被动服从转化为积极自愿的同意。在现代表演社会(société du spectacle)和私人生活民主化(马塞尔·戈谢[Marcel Gauchet])的背景下，美学权力不止息地生长。我们要用一贯的美学行为来回应上述社会背景。权力之间的纠缠不可避免，它们的混乱可能会造成损害。我们

① 孟德斯鸠，《论趣味》(*Essai sur le goût*)，发表于 1757 年《百科全书》(*Encyclopédie*)（第七册），巴黎，Rivages，Petite bibiothèque，1993 年，第 14 页。

必须批判图像，因为图像和文本一样可以迅速地实施权力。

主要的任务是抵抗，但这并不意味着我们什么都不做；"在意义中丰富吧"，我们该重拾塞维涅夫人（Madame de Sévigné）的表述。或者不如说，在也是"我们的意义"中丰富，同样是重要的。卢梭以令人难忘的魄力痛斥那被他称为"漫长抵抗的不寻常"，因为它"乃至通过软弱、恐惧和必然性伤害"灵魂①，让灵魂萎靡。但是，漫长的对他者的开放的不寻常，同样也可能是有害的，因为这让灵魂变得坚硬，以致无法认识权力的功效而完全地把自己交付于它。

我们因此应该避免两个系统性的错误：其一，绝对化美学权力，认为它必然贬黜其他权力。其二，相对化美学权力，认为它总是服务于其他权力，或者认为它是肤浅的，甚至有害的。权力只是在践习，它们活着。它们的组合是多样的，它们的等级是多变的；它们因此要求我们保持最大警惕。

---

① 卢梭，《卢梭审判让-雅克》(*Rousseau juge de Jean-Jacques*)，"第一次对话"(Premier dialogue)，《全集》第一卷，巴黎，Gallimard，Pléiade，1959 年。

第二章　美学的两难问题:愉悦或启发灵感?

如果崇高和美有时是结合在一起的,这是否能证明它们的同一性呢? 这是否能证明它们是相似的呢?

这是否甚至能证明它们之间不存在对立和矛盾? 黑与白可以揉和在一起使彼此变得更柔和;然而,它们不是一样的。

伯克[①]

这让我愉悦吗? 这启发我的灵感吗? 这是美吗? 或是崇高吗? 同样类型的问题,直到1757年在西方世界才以选言命题或两难推理的形式出现。古代修辞术仔细区分了打动

---

① 伯克,《关于我们崇高与美观念之根源的哲学探讨》,前揭,第三部分,27。

(*movere*) 的艺术、教育(*docere*) 的艺术和调和(*conciliare*) 的艺术。然而"美"这个概念的准确位置是不确定的：有时美包含了崇高，崇高乃是美的一种形式；有时美在崇高之侧有一个位置，却并不与其对立。

这个两难问题似乎在东方没有出现。在中国，荣誉献给了"妙"、"神"以及特别是"逸"——自由，自由者，制造起飞者。美始终是次要的，乃至 17 世纪的傅山提出了"宁丑毋媚"这样的论点[1]。同样的对美的贬黜也出现在中世纪圣维克托的休格(Hugues de Saint-Victor)那里，他坚持"丑"的活力功能和生成活力的功能：朝向上帝的上升运动的力量超越感性的内在质量。[2]

美学的两难问题在爱尔兰产生，而被罗曼语族所接受。这在法语中并不是那么显而易见，美的权力和崇高的权力似乎更应该是程度上的差别，而不是性质上的差别。法语中，崇高主要的意义可能是用来表达美的最高阶的形式。法语名词 le sublime(崇高) 是 17 世纪人们使用拉丁语形容词 *sublimis*

---

① 参见埃斯康德(Y. Escande)，《中国艺术》(*L'art en Chine*)，Hermann，2001 年，第 146 页。

② 参见圣维克托的休格(H. de Saint-Victor)，《论属天的等级》(*Commentaire sur la Hiérarchie céleste*)(Patrologie latine, t. 175, col. 978)以及布吕纳(E. Bruyne)，《中世纪美学研究》(*Études d'esthétique médiévale*)，布鲁日，1946年，日内瓦，Slatkine 再版，第二卷，第 215 页及以下。

(崇高的)来构造的。布瓦洛翻译朗吉努斯的《论话语的崇高或美妙》时[1]，将 le sublime 作为希腊语中的 *hupsos*（上升、高尚、高处）的对等物。这个名词被大部分的欧洲语言所接受：在英语中是 *the sublime*；在意大利语中是 *il sublime*；在西班牙语中是 *lo sublime*；在德语中是 *das Sublime*，这个词被温克尔曼所选择，它是比 *das Erhabene* 更古老的术语。追随康德的进路，只有德国哲学的语言倾向赋予"崇高"一个越来越抽象的意义，乃至脱离美学的缰绳，即脱离感性本身。

这个问题的地理定位是让人震惊的，但是对它时间上的定位更是让我们惊讶。"这是美吗？或是崇高吗？"直到 18 世纪中叶，得益于埃德蒙·伯克，人们才追问自己这个问题。为什么在此之前我们从未斟酌过这个问题？首先我们要强调的是，美和崇高这两个概念形成于不同的领域，且彼此间交流始终微乎其微。"美"曾经主要是形而上哲学家处理的事情，而"崇高"特别涉及辩术师和文学批评家。自文艺复兴晚期起，我们就遗忘了这两个概念在源头上根本性的差异。原因在于美和崇高反向的演化制造了一种交错配列。一方面，"美"首先被认为与形而上学相关，随后它征服了艺术领域本身；另一

---

① 布瓦洛，《论话语的崇高或美妙》(*Du sublime ou du merveilleux dans le discou*rs, 1674)，布瓦洛译自朗吉努斯《论崇高》，戈耶采用了这个译本，Le livre de poche, 1995 年。

方面,"崇高"首先在它与话语的关系中被思考,因而通过伽利略-哥伦布革命进入自然的领域。同样,在17世纪末,艺术(art)和美(beau)被并置到新的意群"美术"(Beaux-arts)里,其时还出现了一个全然一新的概念——自然的崇高(sublime naturel),后者指的是自然景象之崇高。

直到1757年,埃德蒙·伯克,一个年轻的爱尔兰人,性情如火,既迷恋弥尔顿和莎士比亚,也迷恋荷马和维吉尔,构造了崇高和美之间极端的对立。这个想法在他只有十九岁时就确立了。大约二十八岁时他撰写和出版了《关于我们崇高与美观念之根源的哲学探讨》。在研究康德之前,我想指出这就是他的思想萌芽和源泉。康德在1764年重拾这个概念,且于1790年重构改造这个概念。构建一个真的选言命题,是同时给予两个选言肢对立的属性。但是重要的是要认真地区别两个不同程序:发明标准,以及围绕一条分割线对其进行分配。

如今,我们的问题并不是要去研究伯克是否有理由在崇高和美之间引入一个极端的对立。如果我们严肃地面对美学,如果我们寻求理解它的哲学基础,我们就要明白忽略伯克所构建的这个断裂是不可能的。毫无疑问,伯克并没有使用美学这个术语,而且他指称他想要构建的科学时他所说的就是"哲学"。但是这并不妨碍我们将美学这个术语

73

用在他的主题上。美学的关键词在美学专业出现之前就被发明了，而伯克在大西洋彼岸也通常被认为是美学的奠基者。

根据我们这里坚持的一个论题，崇高——或者其创始人所理论化的东西——不仅构建了一条主要的趋近美的道路，而且构建了唯一一条深邃严肃之道路：那触及美之力量的，不仅被认为是理念和情感，也是原则。"美的事物是艰难的"（*Chalepè ta kalá*），这是柏拉图在《大希庇阿斯篇》（*Hippias majeur*）中给出的疑难结论[①]。斯宾诺莎（Spinoza）更进了一步，《伦理学》（*Éthique*）以一个令人难忘的句子 *Sed omnia praeclara tam difficilia quam rara sunt* 结束，我们通常翻译成："美的事物艰难而稀少。"[②]

是什么构建了事物之美？又是什么授予它扰乱人心的非凡力量？为何美同时意味着幸福和痛苦，惊叹和恐惧？为什么它必须存在于可承受的极限内，否则即丧失内容，变得形式化，变得空虚而无聊？在《杜伊诺哀歌》（*Les Élégies à Duino*）的第一卷，里尔克追念美之痛苦，它被认为是可怖的萌芽，而

---

① 柏拉图，《大希庇阿斯篇》，304a，由克鲁瓦塞（M. Croiset）翻译和编辑，巴黎，Les belles lettres，1920 年。

② 斯宾诺莎，《伦理学》（1677），第五章，命题四十二，scolie，阿皮纳（C. Appuhn）译，巴黎，Garnier，1953 年，第 240—241 页。

非恐惧本身：这个原则放弃施展它的权力，对于我们，它持存于冷漠之中。

> *Denn das Schöne ist nichts*
>
> *Als des Schrecklichen Anfang, den wir noch grade ertragen,*
>
> *Uns wir bewundern es so, weil es gelassen verschmäht,*
>
> *Uns zu verstören*
>
> 因为美只不过是
>
> 我们尚可承受的恐怖之开端。
>
> 如果我们仰慕它，也只是因为，在它的安息里，
>
> 它不屑摧毁我们。[①]

　　有这样一种美学权力，越是可怕，越是让人仰慕，乃至令人生畏——根据拉丁语中 *formidosus*（可怕的）的意义——它与我们保持距离，甚至嘲弄我们的存在或我们的不存在，它似乎没有忧虑它是否显现或不显现。这个力量处于摆脱或解脱的边界，同样属于卡斯蒂利奥内（Castiglione）所说的漫不经心的优雅与"淡然"（*sprezzatura*），这被认为是真正的艺

---

　　① 里尔克，《杜伊诺哀歌》（1922 年），第一卷，安热洛（J.-F. Angelloz）译（稍做修改），Aubier-Montaigne bilingue，1943 年，第 38—39 页。译者按照法语译本译出。

术。然而这种漫不经心的优雅与淡然并不仅仅想要隐藏艺术，它甚至让我们相信作品自己"毫不费劲地、几乎想都不用想地到来"①，或者以不可思议的方式到来。这个"自我摆脱"伴随着礼貌的虚伪，它没有回避一种傲慢——这可以解释阿兰·庞斯(Alain Pons)为什么用优美的法语 désinvolture (洒脱)来翻译②。像"淡然"一样，里尔克的美表现了一定程度的傲慢无礼——它拒绝解释，拒绝投入：它自我关闭，距离遥远，在它庄严的自足里，对我们的在场毫无知觉，就像是对我们的致敬。

然而，对于我们这些痛苦的不完整的存在，这个内在于美的寂静丝毫不意味着静止关系。这个美制造了一个矛盾的欲望：一方面被美的在场侵袭而战栗；另一方面企图去掌控、去处理它的显现。预感到美内在恐怖的威胁，我们更加急于找到美可以行使权力的准确切入点。如果美学对我们来说重要，不是因为它一次性解决了我们与一个价值的所有关系，或处理了我们与一个预定对象的所有关系，而是在某种程度上，它审慎地给予了我们一个适当的工具

①　卡斯蒂利奥内，《廷臣论》(*Le livre du courtisan*)(1529)，由庞斯翻译和介绍，巴黎，Gérard Lebovici，1978 年，第 54 页，Livre de Poche，1999 年，Ivrea，2009 年。

②　同上。

去认识、创造和批评那些打动我们并让我们赞叹和震惊的东西。

有什么比这更令人不安的吗？——简单的美学表象、简单的外形，取代了实体性的可确认的"质"，比如好或坏，有用的或有害的。我们在前言里就指出过，特别是在笛卡尔那里，美学权力被认为是一个非常可疑的对象。18世纪的许多哲学家则认识到统一研究领域的必然性，"美"的形而上学家、艺术家、诗人和修辞学家占据了各自的领地。从认识理论的角度，我们要更注意方法，而非对象。因此，问题在于要了解这种新科学是否必须是一种逻辑(维柯的想象逻辑[①]，鲍姆加登的低等逻辑[②])，一种考据学(鲍姆加登的发明理论)，一种批评(法国18世纪中期的鉴赏批评)，一种哲学，特别是一种崇高和美之激情的哲学——就像在伯克和康德的作品

[①] 参见维柯，《新科学》(*La science nouvelle*，1744)，庞斯译，巴黎，Fayard，2001年，以及格罗斯 (B. Groce)，《维柯的哲学》(*La philosophie de Jean-Baptiste Vico*，1910)，比里奥-德阿西勒 (H. Buriot-d'Arsiles) 和布尔然 (G. Bourgin) 译，巴黎，M. Giard et E. Brière，1913年。所有这些方面，参考巴尔迪纳·圣吉宏，《18世纪美学》(*Esthétiques du XVIIIᵉ siècle*)，Philippe Sers，1990年；《在修辞的废墟上发明美学》(L'invention de l'esthétique sur les décombres de la rhétorique)，收入《修辞学：复兴的挑战》(*La rhétorique：enjeux de ses résurgences*)，盖扬(J. Gayon)、盖恩(J.-C. Gens)和波提尔(J. Poitier)主编，布鲁塞尔，Ousia，1998年，第99—115页；《美学：定义的问题》，前揭，第81—117页。

[②] 参考鲍姆加登，《美学》，前揭。

里一样。我们看到,在能够描述这个"新科学"的对象并扮演联合角色的主要概念里,最优选项曾经有美、广义上的感性和艺术。自相矛盾的是,美学这一术语本身(同时或者依次)被用来指关于美的科学、研究感性的科学和研究艺术的科学。

鲍姆加登用拉丁语 *aesthetica* 发明"美学"这个术语,然后用德语将其定义为感性认识的科学(词源 *aisthesis* 即意味着感觉,感知)[1],但同样作为美的科学(beau 或 callistique,希腊语 *kalos*,beau),美的思考的艺术,它可以抵达"感性认识的完善,也就是说美"[2]。对鲍姆加登来说,造型艺术理论并没有构成任何问题。只是到了第二个时期,美学才有了苏泽尔[3]的美术的科学(science des beaux-arts)或者黑格尔的美的艺术的科学(science du bel art)[4]的限制性意义。直到 1776 年,法国才开始使用这个术语,它是以"新词"之名进入到百科全书的增刊而得以创建的。

---

① 鲍姆加登,《与诗的本质相关的几个主题的哲学默想录》(*Méditations philosophiques sur quelques sujets se rapportant à l'essence du poème*,1735)和《美学》,(*AEsthetica*,1750),前揭。

② 鲍姆加登,《理论美学》(*Esthétique théorique*),§14,第 127 页。

③ 苏泽尔(J. G. Sulzer),《美术理论概论》(*Allgemeine Theorie der schönen Künste*),莱比锡,1774 年。

④ 参见黑格尔,《美学讲演录》,勒菲弗(J.-P. Lefebvre)和冯. 申克(V. von Schenk)译,Aubier,1995 年,第一册,第 6 页。

但是,"美"是否只能栖息于美学这个唯一的层面? 一方面,它关涉其他的科学和学科:美学与艺术史、艺术批评有什么样的关系呢? 同样,美学与形而上学、政治哲学和人类学又有什么样的关系呢? 另一方面,如果美成为研究对象,变得越来越精准,似乎是有益处的,但是遗留了一些让人焦虑的问题。这种知识和美的具体的体验到底有什么关系? 与它痛苦的让人心碎的特征和"召唤力量"(罗歇·德皮勒[Roger de Piles])①有什么关系?

困难的是不要把美学禁锢在一般的科学里或者文化的假定里,反过来也不能荒谬地限制其领域,将美学与跟它有关系的、能够施力的主要学科割裂。在美学的创始人鲍姆加登之后,我认为,应该发展出一种新的人文主义,它作用于不同的科学和学科之间的链接。它坚决地抵抗现代野蛮,这种现代野蛮企图切断不同领域之间、不同思维方式之间的桥梁,从而使它们服从于唯一的理想——流利的、透明的和完美的沟通。事实上,为了探求崇高和美之间的关系,为了理解为什么"这是美? 这是崇高?"这个非此即彼的问题的提出和美学的诞生是完全同时的,我曾犹豫于两个答案之间。第一个假说,我倾

① 罗歇·德皮勒(R. de Piles),《绘画原理课程》(*Cours de peinture par principes*),1708 年重编,蒂利耶(J. Thuillier)撰写前言,Gallimard, Tel 丛书,1989 年,第 8 页及以下。

向于支持崇高可以揭露美学的枷锁，将其揭示为表面上与哲学分离的"错误的科学"。但对我来说十分重要的第二个假说，将我推向反面：恢复崇高在美学里的中心位置，目的是为了指出美学权力的两种模态——美和崇高之重要性。它们作用于认识过程的上游；同样也在其发展中作用于认识过程的下游，认识的传递中。

现在，关于美或崇高，我们不能成为专家：我只能在它们提出的一些问题上，或者在它们的呈现方式上成为专家。必须分开创造领域、寻求目的的领域和技术领域，对技术领域的掌控始终是可验证的：在普通人看来，这些进展是没有证据的，但是它们不是没有必要的，因为在这种情况下，不进展就是后退。试着去沉思美学的基础，就必须进入第一哲学，根本的哲学。帕斯卡尔写道，"理性徒劳地叫喊"，因为"它不能赋予事物价值"①。那么是谁赋予事物价值呢？在这样的视野中，美与崇高的权力是什么呢？

古代的美和崇高

我们简单回溯美与崇高在哲学和语文学领域的诞生。正

---

① 帕斯卡尔（Pascal），《思想录》（ *Pensées* ），Brunschvicg 82，舍瓦利亚（J. Chevalier）编，Gallimard，Pléiade，1954 年，n°104，第 1116 页。

如黑格尔写道："希腊意识正是美的时刻。"[①]希腊人的特质，是在美的视角下来理解这个世界，并将其设想为艺术作品。宇宙(kosmos)指有秩序的世界，以及我们所看到的装饰者与被装饰者结合而产生的光彩：作为劳动疗法(ergothérapie)的辅助，我们曾提出美学疗法，用更好听、更准确的术语来说，也就是宇宙疗法。我们暴露于宇宙之中，让宇宙在我们身上产生回响，这是我们理解它的最好方式之一，我们来源于此，我们属于此，我们也将消逝于此。

除了宇宙，另一个希腊哲学的关键词是艾多斯(eidos)。在表示形式或理念之前，它意即显现出来而被看到的，也就是指那持存于表象的多样性之中的东西。根据柏拉图的《斐德罗篇》(Phèdre)，它甚至给予表象以光辉(to ekphanestaton)，最后产生了爱欲(to erasmiôtaton)。

作为艾多斯的美似乎特别地与视觉相关，与凝视冥想相关；但是遗忘它与听觉和话语的关系，这或许是一个错误。比如《大希庇阿斯篇》所指出的，又或者比如在《九章集》(Ennéade)第一篇的开头，普罗提诺主张美不只与视觉(la

———————————————

① 黑格尔，《哲学史讲演录》(Leçons sur l'histoire de la philosophie)，第一卷，《希腊哲学》(La philosophie grecque)，加尔尼龙(P. Garniron)译，巴黎，Vrin，1971年。参见蓬特维雅(J.-M. Pontévia)，《一切可能开始于美》(Tout a peut-être commencé par le beauté)，波尔多，William Blake & co，1984年。

vue, *opsis*)相关, 也与听觉(l'écoute, *akoé*)相关, 与所有音乐的形式相关①。

如果将希腊的美仅仅和视觉放在一起是一种滥用, 相反我们应该回想起古代的崇高首先是听到的(读到的, 背诵到的, 即兴的, 歌唱到的), 因为它诞生在修辞学和诗学的领域中。闻所未闻的震惊, 恰恰指的是在听觉里却超越了听觉。这并没有阻碍视觉的涌现, 反而促使了内在于词语的内在视觉的诞生。这就是为什么亚里士多德的《诗学》主张演出或者表演(*opsis*)在悲剧里是次要的。② 如果说想象(*phantasiai*)在朗吉努斯那里扮演的角色是首要的, 这是因为它会产生词语, 而这些词语, 反过来, 又产生新的富于想象的表象。在并不依靠论证这一方法的情况下, 内在视觉与外在视觉相互竞争, 通过产生心理上的图像、真实的影像或富于想象的连续性影像, 来显示思想能发展到什么程度。不可能说一方面"幻觉"(hallucinations)是错误的知觉, 另一方面知觉又是正确的幻觉, 就像丹纳(Taine)所想要的那样: 在这两者中间存在着内在的图像, 它们在艺术创作里能够传递力量(puissance)。词

① 普罗提诺,《九章集》, I. 6, 1, 1—2, 布雷耶译, 巴黎, Les Belles Lettres, 1960 年。

② 亚里士多德,《诗学》, 24, 62a12, 杜邦-罗克和拉洛译, 巴黎, Seuil, 1980 年。

语都是有想象能力的,他们展现和创造的不只是孤立的表格,而是如电影般的连续性。朗吉努斯的想象理论似乎同样可以在持柏拉图"理念说"的艺术家们那里得到回应。但是情况并非如此,尽管朗吉努斯很成功,可能是因为该理论在他第十五章的书信中只是瞬间展示的。①

面对古代的崇高概念,我们现在最大的困难是这个传统的二元性:希腊-罗马严格意义上的修辞术传统和希腊的哲学传统。第一个传统广为传播,崇高(sublimis)被认为是一个简单的形容词,庄严、高雅、激烈或惊惧的近义词。它服务于塑造一个类型的演说风格。第二个传统专注于高度和升华——直到17世纪晚期我们才把希腊语中的 hupsos 翻译为崇高(sublime)。希腊人是在存在(l'Être)和理念(Idées)中寻找崇高的"高度"显现的:Ho hupos 被七十士译本圣经(公元前3至公元前2世纪希腊语翻译的圣经)选择来翻译基督教的神的名字:上帝。但是,这个词其实最早是荷马和赫西俄德给予宙斯的修饰语:最上座者(hupsizugos)或在高处大发雷霆者(hupsibremetès)。②

---

① 朗吉努斯,《论崇高》,第十五章。
② 关于"hupsidzugos":荷马,《伊利亚特》,7. 69, 11. 544, 18, 186;关于"hupsibremetès":荷马,《伊利亚特》,1. 354, 12. 68;赫西俄德, Theog. 568, 601, Op. 8。

升华的渴望需要肉身化为自然的和道德的冲动。朗吉努斯引用柏拉图，痛斥"正在饲养的动物，目光总是朝着下面，倾身向土地和筵席，饱餍食物和淫乐，为了更多的享乐，它们以角和铁屐彼此攻击，最后死于无法满足的欲望"①。真正的人的特性是保持直立，感觉到为顶峰所吸引，总而言之，成为崇高。

但是朗吉努斯和柏拉图产生了根本的分歧，和希腊哲学产生了分歧。他和存在论首先发生了断裂，他悬置了存在者和永恒存在的问题，他只关注崇高，启示(révélation)优先通过逻各斯(logos)、话语、风格或言说作为中介，而不是通过知性或感性的视觉。逻各斯的本质是可渗透到崇高的，与其说是崇高构建了客体不如说崇高构建了主体。这意味着崇高话语的目的性，与其说是要言说崇高，不如说是让崇高言说。崇高不过是"经过"而已，我们可以给予崇高三重意义：短暂的瞬间显示，跨越障碍，最后是自我承认。创作者和见证者共同地向一个原则敞开，这个原则并不在语词里耗竭，而是赋予其活力，或多或少暂时性地让它发光，让它接下来继续它的旅程。

如同朗吉努斯一样，将崇高的言说置于存在的言说之对面，这是将哲学奠基于语言之上，以及理解为什么语词的工作

---

① 柏拉图，《理想国》(*République*)，第九卷，586a；朗吉努斯，《论崇高》，第十三章，1，第四十四章，8。

就是在践习的思想的工作。哲学与修辞术彼此依靠；如果形式可以独立于基底而被研究，那么好好说话的艺术总是被假设为存在秘诀，且可以机械地应用。崇高被定义为"话语的巅峰和卓越"，我们要好好理解"最伟大的诗人和散文家从来没有在他自己之外的任何地方排名第一"。同样，崇高的锤炼构建了一种教化（*paideia*）对象，就如耶格尔（Jaeger）所说的那样，这是"希腊人的大事"[1]。也就是说"教育灵魂，以合适的尺度，把伟大作为方向"[2]。

崇高如何让我们运动（*ekstasis*）起来以及让我们被高处所吸引？其旨意并非要愉悦我们，或说服我们；它的技术并非诱惑或论证。如果它吸引我们，那是因为它本身奇迹般的特征，它能够产生的震惊，通过它我们可以产生的内在的具象化。

> 与震惊相伴的奇妙总是超过那些旨在说服我们或取悦我们的东西……当崇高在需要显现的时候，就像是雷电：它将一切弥漫在它的通道上，首先显示为演讲者凝聚的所有力量。[3]

---

① 耶格尔（W. Jaeger），《教化——希腊人的哲学》（*Paideia, La philosophie de l'homme grec*），1933 年，德韦维（S. Devyver）译，巴黎，Gallimard，1964年，第 20 页。

② 朗吉努斯，《论崇高》，第一章，2。

③ 同上，第一章，4。

然而将崇高比作闪电会让我们迷失，不是因为它内在的模糊性——将荒芜毁灭与感悟启示连接，而是崇高所产生的怀疑。难道崇高不与瞬间产生的具象化印象相互混淆吗？这不是一个毁灭性的光辉或无关紧要的光辉，一个危险或荒芜的辉煌，一个并不启明的光？其时，朗吉努斯援引"要有光"（*Fiat lux*）作为反例，给予"犹太立法者"以极大的敬意。"摩西确定，'上帝说'，以及说什么？""要有光，就有了光！要有地，就有了地！"[①]如果上帝话语的出现让崇高辉煌，那么它同时也是话语的反面，因为它没有所指之物；而作为话语的本质，则是因为它是一个言说——它把"存在"给予它所命名（之物）。根据朗吉努斯对崇高这个问题所进行的分析，我们可以感觉到希腊传统和犹太传统的融合，而正是基督教曾致力于这个融合的使命。

朗吉努斯认为，只有当话语（逻各斯）可以经得住深刻的批判，只有当"它给记忆留下深刻的烙印，甚至无法抹去"[②]时，这个话语才是崇高的。崇高必然在瞬间令人震撼，但它的作用并不在第一个震惊的顷刻耗竭，它必须超越批判和遗忘。因此问题是要理解真正之崇高的方法并不是在于证明或奉承，崇高或多或少地对我们沉思的存在或记忆的存在有一个

---

① 同上，第九章，9；以及《创世记》，I，3—9。
② 同上，第七章，3。

持续和积极的效果。

这样我们从话语技艺制造理论转向我所定义的"概念的美学"。创作者并非简单的语词工匠,它是崇高的中介和保证人。接受者不再是一个被动的观众,他观察外在于他的事物:他认为自己是创作者,也就是说,他像创作者一样成为崇高的中介和保证人。由此他欣喜若狂,获得飞跃。

出于其本性,我们的灵魂,在真正崇高之行动作用下,在一定程度上上升、狂喜、飞跃、充满了喜悦和骄傲,仿佛是它创作了它所理解的东西。①

对崇高的认识是我们在与过去那些最伟大诗人的真实相遇中产生的。首先,朗吉努斯回忆的不是作品或作品的模仿,而是创作者,以及他们直接产生的竞争的心。这样,实际上能让那些"卓越的人物"获得生命,他们自己与我们相遇,我们能听见他们的声音。朗吉努斯给了我们三个珍贵的建议②。当我们精神懒惰、无精打采时,我们该怎么振奋自己呢?我们想象,如果是荷马、柏拉图、德摩斯梯尼或修昔底德(Thucydide),在这种情况下他们会怎样表达?想

---

① 同上,第七章,2。
② 同上,第十四章,1—3。

象他们如何对我们的话语进行品鉴；再调换彼此的位置，想象我们如何对他们进行批判。最后我们通过第三个步骤来完成前两个想象，"再多一些启发"：我们置身于未来，看后世的评价，看看到底是什么东西决定我们不会失去后世的敬仰。

我们因此厘清属于**技艺**的(*technè*，有时更靠近技术，有时又更靠近艺术)和属于**自然**的(nature, *phusis*)东西。它们两者经常彼此纠缠，相互影响，因为"自然"不仅不使用让人认出它的方法，它还是消解方法的方法。

> 崇高和激情(*hupsos kai pathos*)是良药，奇妙的护佑，它们反对那些影响我们使用修辞术的质疑[1]。

孤立地使用技艺，会使我们陷入可疑的陷阱。虽然布瓦洛的《论崇高》译本(作者朗吉努斯)是有争议的，但是它充满活力，它对权力关系非常敏感：

> 当我们在权威的审判者面前说话时，尤其是当他是个爵爷，是一个僭主，一个国王，或一个将军时，如果我们

---

[1] 同上，第十七章，2。

的语言非常孤立地使用修辞术,那么这个话语自身因其讲话对象、技巧和假象而变得可疑。因为他对演说家怀有某种愤慨,并且不能忍受赢弱的演说家像小孩子一样用粗糙的技巧欺骗他……最出色的话语是将修辞隐藏的话语,我们已经认不出来里面有修辞。然而没有比崇高和悲哀更奇妙的良药,可以阻止它的出现。①

朗吉努斯的原创性体现在他把真正的权力归功于崇高和激情,而非艺术。"艺术是隐藏的艺术"(*Ars est celare l'artem*),这个表达是不中肯的。它说的不是要用一种艺术反对另一种艺术,而是赋予崇高和激情一个角色,让它们可以完全地渗入话语,给予话语真实的灵魂。这个方法可以掩饰技艺,而且让我们避免了两个主要的问题:一是显而易见的精巧微妙引起对陷阱的怀疑;二是艰涩、冷峻产生无聊②。

我们想到赫拉克利特(Héraclite)谜一般的格言,*Phusis kruptes tai philei*,我们通常翻译为"自然喜欢自我隐藏"③。赫

---

① 同上,第十七章,1和2。译者按布瓦洛的《论崇高》法语译本译出。

② 参见巴尔迪纳·圣吉宏,《崇高概念——从古代至今日》(*Le sublime de l'antiquité à nos jours*),巴黎,Desjonquères,2005年,第33页。

③ 赫拉克利特,Fr. 22 B 123 DK。

拉克利特这里说的是黑暗和阴翳。他喜欢思考对立的统一，且认为显现和阴翳是对等的，根据海德格尔漂亮的分析，它在敞开和隐藏之间。[1] 但是我们可以给予赫拉克利特这个句子另一种阐释，自我遮蔽和自我隐逸首先表示死亡，根据皮埃尔·阿多（Pierre Hadot），这意味着"所有显现的都将消逝"或者"所有出生的都将死亡"[2]。这两个阐释对于我们来说都是重要的。显现者使他物显现。为了两个意图，崇高遮蔽了技艺：其一，避免了把我们置身于世界的危险之中。危险的力量总是昭然显示的。其二，可以剔除话语的学究气。掉书袋让话语变得无效、扁平和机械。

具体来说，"遮蔽技艺"是什么呢？我们并不是要遗忘技艺，而是要将其置于次要位置。我们先赋予寂静一个表达的价值，偏好简洁甚于冗长，偏好启发性建议甚于论证，使用直接的肯定和简单的暗示。就像朗吉努斯一样把"沉默的雄辩"作为崇高的范式——大埃阿斯与奥德修斯在地狱里相遇了，这掀起了感性、记忆和生命里所有的喧嚣[3]。

---

① 海德格尔，《论"无蔽"》（Alèthéia），载《论文和演讲》（Essais et conférencens），普雷奥（A. Préau）译，博弗雷（J. Beaufret）撰写前言，巴黎，Gallimard，NRF Essais，1958 年，第 326 页及以下。

② 皮埃尔·阿多，《伊西斯的面纱》（Le voile d'Isis），巴黎，Gallimard，NRF Essais，2004 年，第 27 页。

③ 荷马，《奥德赛》，第十一章，v. 541—567，朗吉努斯，《论崇高》，第九章，2。

朗吉努斯之前,公元前 1 或公元前 2 世纪的雄辩家,法勒鲁姆的德米特里(Démétrios),已经用"权力"(pouvoir)来形容崇高。他区分了强大可怖和气象盛大这两种风格。这两种风格可以归为希腊的三种言说风格,它们包括:简洁风格、愉悦优雅风格和雄壮风格。德米特里是如何形容可怖风格(deinos)的呢?相对于简洁清晰的风格来说,它是晦暗隐微艺术的("当我们所蔑视之物被展现之时,隐微是强有力的")[①];相对于优雅的风格来说,它是猛烈粗糙的;相对于雄壮风格来说,它是简略的。最有力的风格并不通过简洁、愉悦或雄壮威严取得辉煌成就。那么它的秘诀是什么?赫拉克利特似乎在阿波罗身上看到了:他不说,他也不隐藏,但他指示(Oute legei, oute kruptei, alla semainei)。又或者说,他展示能指,他强迫我们去看它们,他揭示内在的力量;他不授意阐释。我们属于 enargeia(确定无疑或可见性)的领域,服从眼前的证据(subjectio sub oculos),而不是在清晰详尽地铺陈解释的领域。

朗吉努斯在谈到德摩斯梯尼的 deinotês 或 deinôsis 时,追

---

① 德米特里,《论风格》(Du style),希龙(P. Chiron)译,巴黎,Les belles Lettres,1993 年;以及意大利乔瓦尼·隆巴多译本,德米特里,《论风格》(Lo stile),帕勒莫,Aesthetica Edizioni,1999 年,§254。

溯了德米特里的可怖概念①。德米特里满足于厘清修辞的力量,朗吉努斯则倾向于调动更高层级的心理机制和智性的资源。出于多个渊源,崇高像一条大河,比如尼罗河,接受了不同的水,按意愿使大地肥沃或贫瘠②。数不尽数的溪流发源于它。我们像荷马一样观察到这些③。朗吉努斯区分了天然的禀赋(内在于自然[phusis]的)和技艺的程序。前者是概念的力量经受住了考验(to peri tas noeseis hadrepêbolon),强烈的情绪创造了热情;后者是形象堆砌的快乐高楼(skhemata),是表达的高贵(phrasis),以及“综合”(sunthesis)的升华和庄严。乔瓦尼·隆巴多(Giovanni Lombardo)指出“综合”④这个术语表示布置、创作和编曲,或者说它更接近于“配器法”。为了赋予作品音乐性的品质,而非仅仅表达的语义和语法,“综合法”需要考虑韵律和格律。

---

① 在亚里士多德那里, *Deinôsis* 有时表示风格的夸张或剧烈(《修辞学》,1414a),有时表示听众的反叛或义愤情绪(《修辞学》,1419b)。此外,在公元前 1 世纪 *Deinôsis* 表示广义的雄辩能力,也缓和了它和猛烈、可怖话语的关系。在赫莫根尼安(hermogénien)系统里,这是七个基本风格范畴里的其中一个:灵巧熟练。参见帕蒂龙(M. Patillon),《雄辩家赫莫根尼安的话语理论》(*La théorie du discours chez Hermogène le rhéteur*),巴黎,Les Belles Lettres,1988年。

② 朗吉努斯,《论崇高》,第三十五章,4。

③ 同上,第十三章,3。

④ 朗吉努斯,《论崇高》(*Il sublime*),乔瓦尼·隆巴多编,帕勒莫,Aesthetica edizioni,1987 和 2007 年,注释 79,第 82 页。

技艺并不与机械相关，相反，它是假设了机遇（*kairos*）的艺术，也就是说创造性以不寻常的罕见的方式发生在一个情境里。*Invenire*，就是碰巧遇见、偶然得到，也即"发现"，是适应一个情境，而不是完全镶嵌在一个环境里的表象。为了指出思想和表达之间的关系，朗吉努斯不停地问"该怎样做"；维柯在 18 世纪初指出这就是朗吉努斯"作为批评王子到处都得到崇敬"的原因①。目的和方法相互缠绕，表达的冗余显示出运动的痕迹：崇高从本已崇高之物那里涌现，它生来强烈、暴力和热情，那么它的技术就应该是完美、高贵乃至可敬而高尚的。因而，崇高就是指使用其自身特征的权力。

我们时而需要将概念渊源等级化，将伟大灵魂放到首位；我们时而让它们头衔平等；我们时而选择自然的进展，跨过概念，进入到"配器法"阶段。这种跨踏源于我们无力思考整全。如果它不是让我们眼花缭乱的各种表象，那么崇高的源泉是什么？崇高并非一种品质：像邂逅一样，它同时在各个角落放光。它总是单数的，是带着器具的天才。论崇高之话语，必须要说不是它拥有崇高性，而是从它诞生起，它本身就是崇高。

总而言之，我们必须强调对于现代读者来说一个出乎意料的事实：朗吉努斯的崇高与"恰当"（correct）对立，它接近于

---

① 维柯，《新科学》(1730)，克里斯托福利尼（P. Cristofolini）编，那不勒斯，Alfredo Guida Editore，2004 年，第 56 页。

美。因为美自身并不是按照正典制造得正好的东西，如同崇高一样，它有遮蔽和隐藏技艺的功能。同样，朗吉努斯提及"美和伟大构建的佑护"（*Kallesi kai megethesi to loipon*）[1]可以防止修辞技巧必然带来的怀疑；他宣称要用对美的颂词来反对对疏忽失误的批判，他强调"不恰当"只不过是天才不可避免的漫不经心，而不是与美（*kalôn*）相对立的谬误[2]。

如果说我们要如此挥洒笔墨着重于朗吉努斯，是因为不通过他的《论崇高》就无法理解后来历史上崇高与美的关系：卡索邦（Casaubon）将其称为"金子之书"，费奈隆（Fénelon）认为它胜过了亚里士多德的《诗学》[3]。朗吉努斯曾让崇高拥有荣耀。崇高征服了第二次文艺复兴期间的视觉艺术，在自然风景画这些领域它很快获得了声誉。崇高与话语的根本关系却在历史中逐渐磨灭。18 世纪末期关于"崇高"的思辨被人们遗忘了。仅剩康德的几个例子。没有任何人再引用朗吉努斯，人们也不再待见古代作家或现代作家。然而，吝于引用的康德，却引用了一些游记作者，比如马斯登（Marsden）和苏门答腊的胡椒地，萨瓦里（Savary）和埃及金字塔，奥拉斯-贝内

---

① 朗吉努斯，《论崇高》，第十七章，2。

② 同上，第三十三章，4。

③ 费奈隆（Fénelon），《关于雄辩的对话》（*Dialogues sur l'éloquence*），《全集》第一卷，由勒布伦（J. Lebrun）编辑，Gallimard, Pléiade, 1983 年，第 9 页及以下。

迪克特·德·索叙尔(Horace-Bénédict de Saussure)和他的冰川。在康德之前,有强大视觉想象力的伯克已经觉察到那个时代的情绪,并给予风景越来越重要的角色,但伯克依然优先参照弥尔顿、莎士比亚、荷马和维吉尔。在他发明第一个真正意义上的二元美学时,"崇高"依然优先给予"诗"以重要的位置。

伯克的发明:一种二元的美学

伯克在思想史上的位置非常重要,他指出美学涵盖了崇高和美两种彼此不相容的经验。崇高的经验与痛苦关系复杂,痛苦可以转化为愉悦;美的经验,基于爱,基于交际性,基于关系的自在。崇高概念触及自我的激情,也就是说防御性的激情,因为它涉及主体的完整性,伯克称之为"自我的保存"。美,唤醒了积极的激情,它促使我们靠近他者。积极的激情与性别社会乃至广义的社会相关。弗洛伊德最初将"冲动理论"(théorie des pulsions)构建在自我本能(*Ichtriebe*)和性本能(*Sexualtriebe*)的对立之上①。生命激情包含两方面,一是

----

① 弗洛伊德,《性学三论》(*Trois Essais sur la théorie de la sexualité*),1905年,勒韦雄-茹夫(B. Reverchon-Jouve)译,Gallimard,Idée丛书,1962年,或者克贝尔(P. Koeppel),Gallimard,Folio Essais,1986。

自我的保存,二是对他者的爱。伯克将激情的二元论改造成了享乐的二元论(dualisme hédonique),他原创性地彻底区分了否定性愉快(或相对性愉快)和实在性愉快(或肯定性愉快)。前者源于对最初的恐惧的超越;后者是瞬间性的。他主张"源于痛苦的想法比源于愉快的想法要强烈多了"[1]。事实上,愉快并不阻碍我们的意志,我们很乐意接受愉快;而痛苦伤害我们,施与我们暴力。

> 快乐与意志相伴,它想要逃离,不愿被束缚;同样一个比我们更弱小的力慷慨地给予我们愉快;这时,一个高尚的力使得我们痛苦,而我们从未自愿地屈服于这个力量。[2]

美让人拥有,它外在性地给予我们一个确定的幸福。崇高却剥夺了我的所有。我没有了专家的知识,我是被缴械的俘虏。

这到底发生了什么? 在关于美的讨论里,我们回避了本体论的领域和形而上学的领域,也放弃了视觉艺术的领域。

---

① 伯克,《关于我们崇高与美观念之根源的哲学探讨》,第一部分,7。
② 同上,第二部分,5。

在视觉艺术领域里，我们曾努力地把"美"命名为"美术"。伯克以纯粹肯定性愉悦作为美的源头，构建了一个激情心理社会学和心理-生理学。然而，在古希腊罗马时代，美与众神的关系密切；又或者在柏拉图那里，美与理念关系密切，愉悦似乎是次要的；在艺术家那里，愉悦也似乎没有那么重要，卓越的理念让他们完善工作，让他们和自然竞争、和前辈竞争。将美和愉悦联系在一起是一件新近的事情，在伯克之前，这个联系出现在作家迪博(J.-B. Du Bos)那里。[①]

我们已经指出了崇高与话语的重要关系。然而，也确实存在一个以给予愉悦为目的的风格。风格华丽的辞藻，其使命是为了和谐一致与取悦于人，如西塞罗所写的一样，"因必然性而被证明，因愉悦而魅惑"，以及"因胜利而被打动"[②]。崇高的德性是要"驱动精神，以所有可能的方式使得精神全方位动起来"，"将扎根之物拔起，以新的方式感受它"[③]，那么它如何和愉悦能够兼容并存？如果伯克将愉悦纳入崇高的范畴，那么他指的是一个相对的否定性的愉悦，并总是被原始的悲伤所征服的愉悦。该如何为它命名，这让伯克犹豫许久，他

①　迪博，《对诗和画的批评性反思》，1719年，第六版，巴黎，Pissot，1755年重新编辑，巴黎，ENSb-a，1993年。

②　西塞罗，《演说家》，第五章，20，扬(A. Yon)译，巴黎，Les Belles Lettres，1964年。

③　同上，第二十八章，97，第五章，20。

最终将其命名为 *delight*（欣喜），把它翻译为单数形式的 délice。

> 每次有机会谈论这种类型的快乐，我都称之为欣喜（*délice*）；我小心翼翼地避免在任何其他意义上使用这个词。通常情况下，人们并不这样使用这个词。而我认为我们可以使用一个已经存在的词，限定它的意义，并给予它新的不能汇编进我们语言里的意义。①

这个欣喜的意义是暧昧不清的，然而我们不能把它还原成平庸的感觉，或者简单的战栗。它与奇妙之物毗邻。忆及西塞罗深刻的格言之时，伯克提醒我们，知识主要的效用是"把优雅种植进我们的精神和我们的方式里，根除肮脏、卑劣和狭隘（illibéral，狭隘的、不自由的）"②。自由地感知，让自己和他者逃离狭隘的心胸，是美让这些成为可能，崇高在最高处让这些实现。欣喜在行动中的净化，是对简单的自爱（philautie，amour de soi）的超越，寻觅在一个更宽阔的天空下的

① 伯克，《关于我们崇高与美观念之根源的哲学探讨》，第一部分，4。
② 伯克，早于 1757 年的文本在 W. 伯克（W. Burke）的文稿里重新发现，被韦克特（D. Wecter）所引用，"伯克自传里消失的那些岁月"（The missing years in Edmund Burke's biography），PMLA, vol. LIII, 1938 年 12 月。在 1759 年《关于我们崇高与美观念之根源的哲学探讨》的前言结束处，这个观点被重提。

呼吸。

关于"美",伯克诚然保留了它的爱欲力量(puissance érotique),却去除了它的可怖之处。他用了三个方法来处理这个问题。首先,他假设"爱"自然地来源于"美":"美的在场唤起爱,这就像冰或火让我们觉得冷或热一样自然。"[1]这个效应几乎是瞬时的,不需要论证,也不需要接收者个人的意愿。

接着,伯克以煽动的方式将爱允诺给鄙视(mépris),说"爱比我们通常想象的要更接近于鄙视(mépris, *contempt*),爱并不畏惧它的对象,而是怜悯它,爱是使用昵称去表达情感的"[2]。伯克提到,女人完全知道她们拥有卓越的美,却注意要佯装"弱小"或"不完美"(她们脸红、口吃、左右摆动)[3],这让她们更美了,仿佛美并不是难以亲近的。体验美的来临,就像相信孤零零的危险平安抵港。美也是人类关系的黏合剂,它惠泽与维持爱欲和社会激情。但是我们好像习惯了美的降临,也就再也意识不到它的恩惠,奇怪得仿佛我们对美屈尊了。

---

[1]　伯克,《关于我们崇高与美观念之根源的哲学探讨》,第三部分,2。

[2]　同上,第二部分,5 和第三部分,13。

[3]　同上,第三部分,9。

伯克用柔和形容美:"柔和是有滋味的美"①,这是个可以概括其美学的表述。这让我们想到了夏尔丹(Chardin),狄德罗曾经引用过他的话:"柔和,永远柔和。"柔和是没有粗糙,表面的柔软,颜色的温柔和欢悦,声音的清晰和规律,温柔。因为美(另外是崇高),对伯克来说,通过五识进入了灵魂。而柔和,也是一个异常迷人且自由的运动。伯克的美以优雅为目的,就像卡斯蒂利奥内的 *sprezzatura*(淡然)②,它不捏揉造作,它给予幻觉以自发性。

> 优雅与美的差别不大,并且优雅包含了美的元素。它是关于姿态和动作的,需要没有丝毫尴尬,取决于身体轻微的弯曲,以及各个部分整体的布局,排除了所有尖锐突出的棱角和相互的不适。③

伯克美的理论建立于平静且没有暴力的享乐主义(hédonisme)之上,因为伯克仔细地将美与淫荡,以及所有形式的贪欲区分开来。但是,在伯克那里,美紧紧地依附于"印象",美封存在"瞬间"。对于我们来说,这完全不同于柏拉图

---

① 同上,第四部分,22。
② 参见卡斯蒂里奥内,《廷臣论》,前揭。
③ 伯克,《关于我们崇高与美观念之根源的哲学探讨》,第三部分,22。

《斐德罗篇》中深刻的辩证法,也不同于普罗提诺《九章集》第一部:如果失去了它的驱动力,失去了它灵魂的方向(psychagogue)①,美是什么?

我们坚持主张伯克第二个深刻的原创性观点极大地影响了康德。伯克不仅仅宣扬一种美的享乐主义;他一方面切断了美与比例和适度的关系,另一方面断绝了美与完美的关系。第一,他发现朗吉努斯将"崇高"放在"美"的对立面是合适的②,但站到了古代和文艺复兴艺术家完成的技术工作的对立面。第二,他拒绝把美的辩证概念作为善和真的光辉,后者对形而上学来说尤为珍贵。

伯克的原创性在于他寻找对于美的准确的美学定义,并对美做社会心理学的辩护或生理心理学的辩护。美之物是微小的,曲折的,清澈的,精致微妙的。它们孕育出情感、信心和爱,慰籍疲倦,有助于我们从紧张中得到片刻的放松。

为了理解伯克的崇高,我们必须归还给它那些被伯克剥夺了的美的特征——可怕、昙花一现、伟大和简单。

"可怖以或显或隐的方式存在于所有可能的情况里,作为

---

① psychagogue,表示通灵者,能够召唤亡灵。词源为希腊语 *psukhagôgos*,意为灵魂的方向、灵魂的导向。——译注
② 朗吉努斯,《论崇高》,第三十三章,4。

原则控制管理崇高。"①崇高不产生同情或怜悯；它的力量无法隐藏脆弱。但崇高不退隐回自身。我们不应该将其比拟为战栗的开端，像里尔克的"美"一样，它是战栗自身。或者，更确切地说，崇高在可怖里找到了它的调控原则。这个表达不容易理解，因为它迫使我们为了原则——一个或多或少隐藏着的原则——的问题，放弃"效果论"。这种战栗并不是恐怖，而是它唯一的可能性，就像梅尔维尔(Melville)在《白鲸记》(*Moby Dick*)中强调的可能性，直到我们反思符号迹象，意识到未来的短促，意识到我们不精通于事物本身，意识到疾病和死亡的临近，意识到所有那些内在于我们或外在于我们让我们不知所措之物，这个可能性才显现。

　　对于缺乏想象力的人来说，表象里没有什么可怕的东西。然而，对于另外一些人来说，表象就足够了，当表象被所有形式检验时，它是普遍神秘而可怕的。②

那么什么是调控原则(principe régulateur, *ruling principle*

---

① 伯克，《关于我们崇高与美观念之根源的哲学探讨》，第二部分，2。

② 赫尔曼·梅尔维尔(H. Melville)，《白鲸记》，1850 年，雅克(L. Jacques)、史密斯(J. Smith)和焦诺(J. Giono)译，巴黎，Gallimard，1941 年，第四十三章，第 273 页。译者按照法语译本译出。

的另一个可能的法语翻译)？伯克不认同康德在 1781 年构建的将调控手段和构造手段对立的原则[①]，然而就是这样的：可怖只控制管理崇高，但并不构造崇高。我们可以说可怖是崇高的必要条件，而非充分条件。实际上，伯克在这个原则之上加上了"距离和某些修改"[②]，最终，这不仅使反思可以实现，而且也使一个近乎神奇的快乐得以实现。根据传统，"崇高"能使"恐怖驯化"；但这已经不是"艺术"的效果，这不同于尼采式的对古代崇高的描绘，如"恐怖的艺术驯服"[③]：这是心理和道德层面的，它们的功能变得更加偶然。"美"仿佛是额外涌现，仿佛是惠泽或恩典；而"崇高"，它开始使我弃绝行动的力量和推理的力量[④]：我必须经受真正的痛苦，要求对自身进行特殊的训练。

要理解伯克的原创性，我们脑海中要有关于崇高的两个历史时段。伯克之前，崇高呈现了文明教化性的维度，表现为教育的最高目的。伯克之后，相反，崇高放弃了其教育领

① 康德，《纯粹理性批判》(Critique de la raison pure)，1781 年，先验辩证法，第二部分，特雷梅塞格(A. Trémesaygues)和帕科(B. Pacaud)译，巴黎，P. U. F.，1963 年，第 381 页及以下。

② 伯克，《关于我们崇高与美观念之根源的哲学探讨》，第一部分，7。

③ 尼采，《悲剧的诞生》，Kröner Taschenausgabe，第一册，§7 结尾，第 82 页。参见由阿尔·拉库-拉巴尔特、让-吕克·南希编译的《哲学全集》，Gallimard，1977 年，第二卷，第二章，注释 26。

④ 伯克，《关于我们崇高与美观念之根源的哲学探讨》，第二部分，2。

域;追求崇高让位于"凝视冥想"(contemplation)——我们从创造论进入情感理论、激情理论和情绪理论(*Rührung*)。恐惧可怖倾向于压倒狂喜,而崇高的奇迹仿佛没有它内在突如其来的灾难引人注意。人的存在不再被单纯地带到别处:当恐惧控制其意识时,他感到受了伤害和剧烈的割伤。但一定程度的暧昧是存在的,伯克用语文学的方法指出恐惧可怖和奇妙仰慕之间的毗连关系,比如英文中的 *wonder* 所表达的意思,从"迷茫"到不同色彩的惊喜再到"神奇",语义范围十分宽广。

> (语言)总是用一样的词语无区别地指示"震惊""仰慕""恐怖"等不同模式。在希腊语中,*thambos* 指的是可怕或惊讶,*deinos* 指的是可怖或尊重,*aideô* 指的是崇敬或畏惧。拉丁语中的 *vereor* 是希腊语中的 *aideô*。罗马人用动词 *stupeo*,这个词有力地表达了灵魂的震惊状态,表示简单的害怕或震撼的效果。

法语中的动词 étonner 和英语中的 *to astonish*,都源于动词 *attonare*,指的是被雷击中了。以朗吉努斯为榜样,伯克参考了电闪雷鸣,但是雷电的艺术没有人被雷电击中那么吸引他——人被崇高控制住。

第二个重点是伯克的否定性，"去对象化"，又或是"去实体化"，是"弃绝虚己"（*kénose*），投身于塑造崇高，而"美"获得积极性。美，有它的手段和方法；而崇高，它只有车舆，只有偶然性的用途。伯克坚持强调匮乏和晦暗所扮演的角色。"一个清晰的观念不过是无关紧要的观念的另一个名字"[①]，基于这个信念，他开始了所有通向真正的自然和精神的澄明之路。首先，一个清晰的想法或理念是必然有界限的；因为如果想法宏大，它就会失去其清晰性。"可能我们非常难理解"无限和永恒，也很难理解"是我们对事物的无知导致了我们所有的仰慕"[②]。其次，清晰的想法缺乏生气，不适合触及"想象"。最后，在情感交流中，它是无效的。

为什么维吉尔写埃涅阿斯和他的向导，即库迈的西比尔（La Sybille de Cumes），进入地狱的方式是如此让人难忘？

Ibant obcuri , sola sub nocte , per umbram

Perque domos Ditis vacuas , et inania regna .

在孤寂的黑夜里前行，他们穿过阴影，

经过冥神狄斯虚无的殿堂和没有生命的地带。[③]

---

① 同上，第二部分，4(续完)。
② 同上，第二部分，4(续完)，第 103 页。
③ 同上，第二部分，6，以及《埃涅阿斯纪》（*Enéide*），VI，268—269。

人物都是孤寂的,夜是黑暗的,而维吉尔把孤寂赋予了夜,把黑暗赋予了人物。他采用了语言置换的方法,颠倒了形容修辞,让他们的交流变得更感性[①]。这样,他就强化了"在场"的感觉,他让"在场"弥散开来:埃涅阿斯和西比尔的影子变暗,黑暗胜利了。"孤寂"的夜完全变成了一个人物,埃涅阿斯和西比尔在行走中迎击这黑夜。

拉康所讲的"对象的瓦解"[②]不是说对象在一个场域里的涌现,而是它的断裂,它的裂缝。形式稳定的世界离得越来越遥远,而在一个可怕的力量游戏的作用下,感性变得不再透明了。

伯克剥夺了"崇高"坚实的一部分,把它融于感性里。同时,他把"美"的一些特征给予了崇高——伟大、棱角分明和粗犷,等等。实际上,崇高的品质要通过与美的品质的对立来定义。

崇高的本质特征是雄壮、粗犷和粗糙不平,直线或者

① 我借用厄勒(P. Heuré)在《绘画的形象》(Des figures qui dessinent)中使用的这一表达,收入《古代人的形式和形象》(Skhèma et figure chez les Anciens),西尔瓦诺(M. Silvano)、希龙(P. Chiron)和诺埃尔(M.-P. Noël)编,Rue d'Ulme,2004年,第248页。

② 拉康,《研讨会》(Le Séminaire),第七册,《精神分析伦理学》(L'Ethique de la psychanalyse),1959—1960,巴黎,Seuil,1986年,第291页。

有棱角,晦暗,宏伟。崇高的事物是体积巨大的,美的事物相对小。美必须和谐而平滑,而庄伟之物粗糙不平。美避免直线,偏离时应令人毫无觉察,崇高喜爱直线,偏离时极为明显。美不应该暧昧不明,而崇高必须晦暗。美轻盈而精致,崇高坚固而巨大。它们表现了完全不同的观念,崇高基于痛苦,美基于愉悦,它们的内容可根据其原因的性质随后发生变化,这些原因之间有着一种永恒的差别,这一点不应该被那些想影响人类激情的人们忘记。[1]

现在,伯克不满足于仅仅以恐惧可怖来描绘崇高,他不满足于它的昙花一现,它的宏伟壮阔和它的巨大体积。在《关于我们崇高与美观念之根源的哲学探讨》(1759)第二版中,他指出崇高与权力之间的亲密关系。权力如果不行使它的强制力量就不显现为权力。我们不需要真正实现一个让人愉快的权力,它强迫我们要对它的在场有意识,它甚至也无需将其呈现给我们:它来自源头,朝向我们,以至于它让我们犯错时,我们才发现它的存在。况且,与其说表象的涌现与愉悦相关,不如说它与痛苦相关[2]。

---

① 伯克,《关于我们崇高与美观念之根源的哲学探讨》,第三部分,27。
② 弗洛伊德,《论否定》,前揭,第135—139页。

第一眼看来,力量似乎是一个中立的概念,它既可以从属于痛苦,也可以从属于快乐。但是,事实上,一个产生于巨大力量的情感,不可能是中性的。应该记住,最高程度的痛苦可以到达的强度远远地超过最高程度的快乐,而且对于居于次级地位的观念,痛苦的观念一样保持了优越性。[1]

混杂着痛苦,崇高的力量在量上超过了美。伟大观念或量的巨大,不再像在朗吉努斯那里一样,和灵魂的伟大结合在一起;伟大观念直接地与痛苦的力量相关。崇高不再首先是伟大灵魂的回音,它是入侵意识的暴力,它催生了"在场"。

事实上,崇高和美在经验中是混杂纠缠在一起的,伯克坚持强调它们的差异。

如果崇高和美有时是结合在一起的,这是否能证明它们的同一性呢?这是否能证明它们是相似的呢?这是否甚至能证明它们之间不存在对立和矛盾?[2]

---

[1] 伯克,《关于我们崇高与美观念之根源的哲学探讨》,第二部分,5。
[2] 同上,第三部分,27。

伯克这个二元论的理论和实践基础是什么？他承认美在家庭领域的优先地位,崇高在政治领域的重要性。特洛伊人都被描画得很美,而亚该亚人都被塑造得很崇高。同样,前者应该激起怜悯,而后者让人仰慕。

> 我们可以注意到,荷马给予特洛伊人更多亲切的德性和社会性的德性,他们的遭遇激起的同情怜悯要多于希腊人。对于前者,他选择了激起读者的怜悯,怜悯是建基于爱的激情;可以说,这是一种比较低下的德性,它是属于家庭的,因而也毫无疑问是更亲切的。然而,根据政治德性和军事德性,他给予了希腊人卓越性。①

我们无法不联想到三十三年之后伯克对法国大革命的批判。作为崇高的理论构造者,他在"恐怖统治"(又称"雅各宾专政",1793 年 9 月到 1794 年 7 月)之前,就已经有了预感,并且对之进行谴责。伯克是个进步主义者,诺瓦利斯(Novalis)形容伯克的《对法国大革命的反思》(*Réflexions sur la révolution de la France*)"是一本关于'革命'的革命性著作",因为这个辉格党人,彻底的改革派,认为应该质疑"崇高"在公共领域的使

---

① 同上,第四部分,24。

用,在公共领域他更喜欢柔和这一概念。"所有的政治家都应该献祭美惠三女神(Grâces),都应该将彬彬有礼和理性融为一体。"①然而什么是柔和? 难道柔和不能抵达崇高吗? 他非常模棱两可地影射贺拉斯(Horace):"诗歌不应该仅仅是美的,诗歌应该也是柔和的。"②我们总是会抵达一个超越美的时刻——但这可能是个词汇的问题——朗吉努斯的仰慕者费奈隆(Fénelon)说:"只是美的'美',它只不过是一半的'美'。"③

问题在于崇高与美之间的对立是否是逻辑的或者实在的。康德在《试将负量概念引入哲学》(*L'Essai pour introduire en philosophie le concept de grandeur négative*)④中恢复了作为力量的否定性,这是非常有用的。康德像数学家一样假设了否定性的量,他指出我们不应该满足于基于"矛盾律"的逻辑的

---

① 伯克,《对法国大革命的反思》,安德莱(P. Andler)译,雷诺(P. Raynaud)撰写前言,费耶罗(A. Fierro)和利埃伯(G. Liébert)注解与评论,Hachette,Pluriel丛书,1989年,第314页。亦见"致一名国民议会成员的信"(1791年1月),同上,第372页。

② 贺拉斯,《诗艺》(*De arte poetica*),v. 99,科利内(J.-P. Colinet)编,巴黎,Gallimard,1985年。

③ 费奈隆,《致学院的信》(*Lettre à l'Académie*),1714年,V. 诗意的计划(Projet de poétique),收入费奈隆,《全集》,第二卷,勒布伦编,巴黎,Gallimard,Pléiade,1997年,第1168页。

④ 康德,《试将负量概念引入哲学》,1764年,肯普(R. Kemf)译,Vrin,1949年。

对立("两个相互矛盾的命题,其中一个是真命题,那么另一个是假命题"),我们应该考虑基于存在原则的实在的对立,因为存在不仅仅是通过可能性来证实,而是通过其现实性来证实。

那么,崇高是如何实现与美对立的?毫无疑问,不是通过逻辑的角度,通过逻辑的排他性来实现,而是通过实在的角度,通过那个甚至有可能使得崇高消逝的实在来实现。那么崇高不会和丑相互混淆吗?美的反义词是丑,还是崇高?

伯克回答道:丑和崇高是相容并存的。但是对于他来说,这并不意味着,丑因其丑而崇高。只有在特定条件下,(当丑)"与能够激起强烈恐惧的质相结合时"[1],它才能成为崇高。我们该如何理解这个论题呢?丑并不是简单的畸形:美也可以是畸形的,当比例不再是必要的时候。但是丑也不仅仅意味着美的缺席,它是废除美的原因。与其说这是在场,不如说这是驱逐过程的再现,这是感性的表达能力的废除,突如其来,不仅无法吸引和诱惑,而且不能指示[2]。

如何将丑和崇高区别开来?我们可以将丑定义为对崇高化的不服从,相反,崇高揭示我要超越自我的召唤,目的是抵

---

[1] 伯克,《关于我们崇高与美观念之根源的哲学探讨》,第三部分,21。

[2] 参见巴尔迪纳·圣吉宏,《要有光:一种崇高哲学》(*Fiat lux-Une philosophie du sublime*),1993年,Vrin,第二章:"丑的冒险:抽离美的寂静"(Risques de la laideur:d'un arrachement à la quiétude du beau)。

消那些无法辩护的东西，或者消减它们。丑构造了丑闻，它是思想的绊脚石；相反，崇高是飞跃的要素。对伯克来说，"可怖、恐惧、可怕"是丑可以成为崇高的条件，伯克的文字语言是非常模棱两可的，我们可以在马修·格雷戈里·路易斯（Matthew Gregory Lewis）、安·拉德克利夫（Anne Radcliffe）或者威廉·贝克福德（William Beckford）的黑色小说里看到他们阐释的恐惧可怖之物。在我看来，我们过多地强调了那个"甜美的可怖恐惧"，而忘记了崇高本质上召唤我们去"燃烧起那个已经在别处点燃的火焰"①。对于伯克和朗吉努斯来说，崇高的主要使命是启发灵感，而不是单纯的取悦：它必须使我们摆脱旧的感知和思考方式，并向我们传递一个全新的热情，点燃我们的生命。

康德：美学的一元论或二元论

康德从伯克那里继承了崇高和美的二元论：崇高与可怖相关，它产生一个否定性的快乐，并让灵魂升华；而美只是简单的愉悦。无限与有限相对，暗晦与澄明相对，动态与静止相对。1764 年，在《对美和崇高情感的观察》中，康德将这个二

---

① 伯克，《关于我们崇高与美观念之根源的哲学探讨》，第五部分，7。

元论应用到自然、人类的德性、两性乃至国家等概念的分析中。然而，在1790年，康德对于美和崇高的区分是与伯克相关的。这个区分与享乐主义的(或者说，简单的关于"快乐"的问题)关系比较小，它主要与"情绪"的地位有关：崇高激发热情，而美不再给予任何情绪，甚至连温柔都不再给予。基于温克尔曼的启发，康德发表了一个全新的理论："情绪不再属于美。"[1]在一个学究的角度下，美失去了它的动力，它自我客观化了，以至于我们得到一个关于"美自身"的定义，"世人啊，我很美，哦，死亡，像石头的梦一样"[2]。同时，康德借助"先验说"(transzendental)，即通过追问关于感性反思的可能性条件，修改了伯克所构造的美和崇高的对立。我们接下来考察与之相关的哲学立场。

1764年，原先一直在伯克那里与崇高相伴的痛苦脱离了生理心理学及政治学的语境，进入了伦理语境。康德不满足于将亚该亚人好战的崇高与特洛伊人家庭的美对立起来：他将美德放在崇高这边，将道德特征放在美那边。事实上，美德

---

① 康德，《判断力批判》(Critique de la faculté de juger)(1990)，德拉马尔(A. J.-L. Delamarre)、拉德米拉尔(J.-R. Ladmiral)、洛奈(M. B. de Launay)、韦斯(J.-M. Vaysse)、费里(L. Ferry)和维斯曼(H. Wismann)译，阿尔基耶(F. Alquié)主编，巴黎，Gallimard，Folio Essaie丛书，1985年；雷诺(A. Renaut)译，GF. Flammarion，1995年。

② 波德莱尔，《恶之花》，十四行诗第十七首。

基于与一些普世规则相符合的意愿,而道德特征只是偶然地与它们吻合。前者苛求对人类激情的征服,而另一个则并不要求真正的努力。康德一定记得卢梭的《爱弥儿》。他的老师最终后悔只教会他善良,并因此将他置于最糟糕的灾难之中:通奸、被海盗劫持、监禁,等等。

> 但是只知道善的人会停留在享受身在其中的状态:仁慈会在人类激情的冲击下碎裂和毁灭;只知道善的人只对他自己来说是善的。所以到底怎样才是有德行的人呢?是能够克服自己情爱(affections)的人;因为由此他追随他的理性、他的良知,履行他的义务,伫立在秩序中,并且没有任何东西能将其与之分离。(……)此刻,也就是保持自由;学着成为自己的主宰;支配着你的灵魂。哦,爱弥儿,你便是有德性的。[①]

《对美和崇高情感的观察》中最有趣的章节——凭此我们将有机会回到对优雅的定义上来——关系到性别的区别。康德精细且深入地思考了关于女性的问题。一方面,他意识到"最轻微的挑逗目光给男人带来的烦扰也多于最困难的问

① 卢梭,《爱弥儿》,收入《卢梭全集》,第四册,巴黎,Gallimard, Pléiade,第 818 页。

题"。另一方面,他重新构建起按他所想的、可以组织他们之间关系的心照不宣的交流:"你对我没有任何感觉,但我会强迫你重视我";"你不重视我,但我会强迫你爱我"。权力对抗权力……类似的语句并没有任何通常的厌恶女性的意思,正相反,它允许我们思考崇高和美之间深刻的亲和力,也就是说,它们二者都左右着一种攻防兼备的**权力策略**。崇高和美更多被定义为根据显现和变化而谨慎采用的方式,而非存在的方式。二者各自都是一种 *modus vivendi*(权宜的妥协),一种生活方式,并不是在一次一元论的倒退中,恰好相反,而是在一种承认相异性的关系框架下被选择。它总是利用有利的联结,即 *kairos* 来重新调整。

1764 年,康德仍然对人类学视角的美和崇高有兴趣,因为他专注于定义本质上相悖的各种行为。然而,伯克却在寻找崇高的起源和对它进行考古,正如其著作的名字所指明的一样。康德向自己提出关于义务的问题。这个非常现代且与伯克所做的精神分析研究相近的问题如下:在排除或纯化感情杂质的理性形成之前或之后,那些在我们身上产生如此多印象的东西到底从何而来? 康德采取了完全不同的角度。他用司法式的研究角度来替代发生学研究方法:他在乎的不是权力从哪儿来,而是使用它的合法性问题。

因此,在对美的分析中,康德逐步挖空美的全部内容,并设计一种看上去像否定性美学的东西。但是更准确地说是一种撤回和逐步排斥的美学。虽然美的确孕育出一种满足，但这种满足是没有任何私利的。这就是说审美愉悦不是与客体的存在，而是与对其形式的反思有关。美"使人愉悦"（德语 *gefällt*），但它不能制造娱乐（德语 *nicht vergnügt*）；并且它自身不产生任何用途，尽管它可以伴随一种经验的或伦理的私利。其次，美虽是普遍的，但这种普遍性并不是客观的；第三《批判》中最出人意料的发现（德语 *befremdlich*）是让我理应——虽然不是事实上的——产生愉悦感的"主观普遍性"。实际上，我假设的是"意愿的普遍性"（universalité des voix），而不是此时此处参与的现实。第三，美的确有目的性（德语 *zweckmäßigkeit*），它的确要符合某一目的，但这个目的不是（德行的）完美。美不包含一个事物所必须具有的任何概念，也不产出任何知识，甚至连关于其对象的模糊的知识都没有。康德在这里直接提出反对莱布尼兹派的立场，并更精确地反对曾经将美学定义为"低端认识论"的鲍姆加登。在这个艺术史刚刚被温克尔曼建立和鉴赏家们层出不穷的时代，他难以置信的大胆体现在确立了审美判断与认知判断的分离："品味的判断不是一种认知判断；因此，它不是逻辑的，而是审美的。"第四，最后，美涉及必然的承认，但这种必然性不依赖于任何概念。每个品味判断都是"我们无法言表的一种普世规则的例子"（§18），因而问题就是要弄清楚品味是否是一种原生官能或是"一种仍然有待获得的官能"（§22）。由此引发的问题便是：这个二元论难道不是显而易见的吗？这将是推演的问题，也就是我们对"美"这个概念的使用的立法。

不断地清空（kénose）美的一大部分的传统内容以将其本质掏空，康德得到了什么？一无所获或几乎一无所获。如果我们相信那些例子（花、丝带、即兴曲），（那就只有）一个美的纯粹神话，无法定义的恩惠。他所做的只是将（上述）这些假设为普世的承认。然而这个一无所有，可能就是物自体（德语 *rem*）。

事实上，康德并不满足于去实体化（désubstantialisation）的操作；如果他那样做了，那是因为要把美表现为"审美理念的表达"[1]，并指出它在以"媒介"之名，而非由出生地、理论知识和实践要求的场所，来代表我们生活中所扮演的主要角色。"审美理念"在术语上好似一个矛盾，因为对康德来说，理念本身是不能将自己给予直观的。然而康德并没有说美是一种理念。美是"审美理念的表达"，意思是它的功能是用完全闻所未闻的方式来阐述理念，因而使我们无法给予它适当的概念。

---

[1] 康德，《判断力批判》，§51。

美表达理念,而不是模仿它们。"诗人以一种我们在自然中无法找到任何例子的完美形式,斗胆使理性变得感性。"[1]

我们也许可以论证康德重提伯克《关于我们崇高与美观念之根源的哲学探讨》中奇特的第五部分。后者的目的就是批评诗学中的摹仿理论(mimèsis)而提倡表达的理论。伯克挑起与过去众多伟大作家的竞争,用最终从朗吉努斯那里汲取到灵感的一种理论,调动想象的具象化的力量来反对摹仿论(反对它的目的、手段及模式)。但是康德用超验的扭力扩大了这场批判的范围。

让我们回到戏剧性变化上。《判断力批判》(Critique de la faculté de juger)实际上是以此展开的吗?它意味着什么?放弃了对美和崇高的对象以及它们的观念的分析,却转去分析审美反思判断。中心问题不再是知道什么是美和崇高,而是审美欣赏服从于哪些条件,以及哪些规则决定着它。

我想向你们快速展示康德如何将朗吉努斯和伯克曾遇到的核心问题化为自己的主题。

在人类本性和说的艺术(art de dire)中寻找崇高的来源时,朗吉努斯将其归结于崇高性(sublimité):崇高的缘由不是一般意义上的思想、情感、形象、表达或作品,而是"达到

---

[1] 同上,§ 49。

目的的构思的力量"、"爆裂的激情和热忱的创造力"、成功的形象、高尚的表达、高贵且高雅的作品。这里有一个认识论上的循环:"初始崇高"产生"效果崇高",反之亦然; *ratio essendi*(存在的理性)与 *ratio cognoscendi*(认识的理性),规律与经验,二者互为对方的前提条件:规律指导经验,而经验发现规律。

同样的困难在伯克那里也存在。受到朗吉努斯的影响,他用为自己的著作取名为《关于我们崇高与美观念之根源的哲学探讨》的方式来强调起源的观念。崇高因此应该被视为一种结果或效果;然而它也是规律或起因,就像第二部分第一章的标题所证实的那样:"由崇高所引发的激情。"

我们不得不从对崇高的起源的研究转为对作为起源的崇高的研究。这涉及追溯经验至它的可能性条件。可是,从显现的东西到显现的条件(而不是从表象到本质),为的是试图理解为什么经验的自我确定会时而成功时而失败。这便是康德通过引入超验(这个概念)系统性地所做的事情。

让我们总结一下:康德表面上是二元论者,但在他放弃用客观主义的方式来描述崇高和美的特征的意义上,他的美学只可能是**主观层面的**。他感兴趣的,就像他自第三《批判》第一节起写的那样,是表象与主体的关系——例如主体被表象感动——而不是表象与客体的关系。然而正是在这个意义上，准确地说，崇高帮助我们重新思考美，并以此重新建立美学。

如果康德实际上从美中排除了私利、客观普世性、感情和客观必然性，那是因为这些不同元素都属于崇高的规定性。很难不意识到崇高与美一样完全是去除私利的：当然，两者都不会导致我们去寻找娱乐或功利的被称作"病理的"私利；但去除私利也不意味着对全部私利的剥夺。

与美形成的四个时刻并行，但将第二个与第一个颠倒位置，康德接连构建了让我们将无限当作一个整体并将绝对性表现为被给予的优先权理论（德语 *Vorzug*）；一种用对人类的目的的思考来替代对客体的思考并让我们充当主体的"尊敬的理论"；一种关于被克服和"被训导"的"感情的理论"；最后，一种崇高滞后出现的理论。

对我们来说，实际上，由于美的可表现性及其规律的外在性（§23），康德不得不为了同时强调崇高的无法被表现性或它的规律内在性的观念，而重组他关于美的第一种理论。他的天才清楚地体现在，运用一种关于官能的一般性理论和一种超感觉的形而上学，成功地将伯克的理论遗产——崇高作为欲望和意志的充分流露，与康姆斯爵士（Lord Kames）的理论——崇高是想象力的落陷，结合在一起。"牺牲"掉感觉和想象力实际上证实了在物理之外还存在其他法则;以及客体毕竟不只是一个发现我们超感觉本性的"契机"。"崇高就是论证了一个超越所有感官约束的灵魂官能的东西,我们也只能通过这个来思考它"(§25)。

这个用语太美妙了,以至于我们都忘记了哲学家在我们眼前陷入了双重陷阱。如果崇高的经验是灵魂的一种高等级官能的认识理性,如果它证实了知识理解比审美理解更高级——"我们感觉我们的精神好像在审美上被困在了一些限制当中"(§27),如果它让我们发现我们的归属的高级性,并导致我们将自然表象为一种不能对我们施以权力的力量,那么崇高便以纯粹且干脆地从审美领域脱离而告终。在将崇高先从艺术领域,然后从自然的客体中抽离出来后,康德完成了他对感性的销毁,并把它从粗糙的原始状态中解脱出来:"真实的崇高无法被任何感觉形式所包含(……)。因此被风暴席卷的广阔的海洋不能被称作崇高。它属于丑陋的(……)"(§23)

另外,如果崇高并不来自专门的、独立于美的推导,它则会还原成美的一种简单形态,其中只会加入庞大的、可怕的观念:崇高必须与美联合,以便惊讶不会变成恐怖。我们的论题据此要重新深度思考美,为此有必要重新给予它曾被崇高剥夺的特征。

崇高:深思熟虑的美与深思熟虑的美学

为了正确地识别美学元素,必须系统地重新审视或多或少清楚或潜在的四个哲学论断:

1) 被动性的论断:观众单纯地接收,不做出任何真正的努力,也不需要事先学习;他的反应是严格受条件约束的;

2) 即时性的、仅为瞬间的、审美效果的论断;重新回到将审美关系还原成一种瞬时的且只有微弱后果的意识状态;

3) 关于享乐主义的论断的两个版本:伦理的(审美作用不配用这个名头,因为它属于娱乐的范畴)和社会政治的(这是富裕且有闲阶级的特权);

4) 形式主义的,或更恰当地说,形式化的客观化论断:美本质上在于形式,必须系统地分析它在不同的历史地理环境下具有的不同形式。

这四个论断表达了一个真理。这不是要否定被动性、即时性和基于美经验的愉悦感,也不是想要否定与形式相连的特权。美是强加的;它即刻产生;它孕育出愉悦,且用它的方式来实现。即使这四个论断能够与某种美的观念相融,它们也一定不能以任何方式与一种用崇高来理解的美相融:一种不只有美的美,即一种不只"一半"的美,而是一种达到完满的美。

1) **被动性的论断**。相比被动的观众,成为崇高的美更需要一个进行一次会面和从事一份工作的主动者。我显然被感性世界的某个方面所吸引,我回应世界的挑战;但正是我最终决定自我呈现,向我的外在相异性呈现我的内在相异性,让它们彼此相互作用[1]。只有美的美不太担忧是否有观众,而成为崇高的美则需要一个已经被开启、被剥离且被把控的接受者。崇高表达崇高,然而单纯的美并不表达美。但是崇高只能被已经正在另一物上燃烧的火点燃——这重新采纳了伯克的用语[2]。

2) **即时性的论断**。崇高要求不只是在其被发现的那个时刻,还要在之后长时间地,在我生命中的不同时刻设想审美价值:伯克曾通过一种并不总是显而易见的自动机制将美与爱联系起来。朗吉努斯强烈要求能够经受深度考验的那些崇高;那些在我看来也是真正美的标记。必须强力谴责如下幻象,即把一种仅仅短暂且稍纵即逝的特征赋予我们带着优越感称呼的美学关系。

3) **享乐主义的论断**。成为崇高的美引导我们去了解不再只是作为舒适且不应得的恩惠,而是作为一场既精彩又困

---

① 巴尔迪纳·圣吉宏,《美学行动》,klincksieck,2008。

② 伯克,《关于我们崇高与美观念之根源的哲学探讨》,第五部分,7。

难的真正考验的美。仍有待了解的是，是否愉悦最终没有消逝，以及是否任何形式的情感欣赏，都不能在面对吸引我们注意力和调动我们精力的东西时，最终变得次要。

4）形式主义的论断。仅有美的美通过工业和商业而被标准化和传播：我们为它找到了可以复制的方法，以至于它不再只意味着一种奢侈的、可以用钱来实现的、闲怡的形式，而是空虚的、被摘掉光环的。然而可复制性的问题如今却不像本雅明当初所相信的那样具有决定性[①]：伟大的电影并没有真的因为那些可以使其让所有人轻易看到的新媒介的出现，而真的失去它的权力。我们不能把作品的原创性和媒介的独特性相混淆。但确实，与只有美的美不同，相比那些偏爱它的外观却无法保证这种外观的媒介来说，成为崇高的美保持着一种自主权。

在法国，谴责人类学不可靠并阐明这些偏见长期以来都是一种时尚。然而，为了理解文化的客观化与处于新生状态的这种文化本身之间的差异，甚或是简单地沉淀下来的知识和活生生的知识之间的差异，在我看来，一种心理分析的人类学比以往任何时候都更不可缺少："一旦任何知识被构建，其

---

① 本雅明，《论歌德〈选择性亲和力〉》（Goethes «Wahlverwandtschaften»，1925），康迪拉克（M. de Candillac）译，收入《神话与暴力》（Mythes et violence），巴黎，Denoël，1971 年。

中都有一种错误的维度，即忘记那个以新生形式出现的真理的创造功能"，拉康说道①。问题在于保持作品的创造力，汲取它们有生命力的源泉，以免于窒息。

"只是美的美"

总之，我们应支持以下论断。如果崇高的传统成功地赋予它所有深刻的美学价值，如果美最终在崇高中实现了完满，那是因为我们不能将美归结为一个简单的观念或简单的感觉，被动和即刻被感受到的，被认为是一种处于主体之外并仅取决于其所采取的形式的恩惠。如果我们没有意识到它们同时指定了主动原则、媒介和接受者，我们既不能理解崇高也不能理解美。原则，就是主动且不可或缺的第一因；媒介，就是其物质性很重要的能指；接受者，是为其运作做出贡献并见证它的人们。

然而，这些媒介在美学、艺术史及艺术哲学方面进行了更专门的研究；这些原理主要与本体论和形而上学有关，然后逐步涉及政治哲学和道德；接受者，他们从一种主体哲学或批评

---

① 拉康，《弗洛伊德的理论及精神分析技巧中的自我》(*Le moi dans la théorie de Freud et dans la technique de la psychanalyse*)，1954－5，《研讨会》，第二册，巴黎，Seuil，1978 年，第 30 页。

人类学中获得益处。

1）从媒介的角度看，崇高对我们来说首先是与美最对立的，就像我们在伯克和前期康德那里看到的一样。但是崇高，它超越形式，展现出隐藏的背面，使痕迹变得模糊。巨大的错乱、过度的激荡、朦胧的眩晕是倾向于消除美的三个原因。关于巨大的错乱，最经常引用的是埃及金字塔的例子：它们在建筑成就、竖起庞然大物，或体现一种几何理念方面是崇高的吗？我们也要想一下梅西安（Messian）的交响曲或乔伊斯的《尤利西斯》，其中过分的巨大、浩长、困难首先都是令人沮丧的。对于丑的震撼，我们可以联想到毕加索最后一张自画像、滚石乐队或迈克尔·杰克逊的音乐，它们都使人感到惊讶。关于昏暗的眩晕，让我们追念威尼斯的圣洛克大会堂，那里丁托列托（Tintoret）的画作起初似乎很难看。或者莫扎特的《唐璜》（*Dom Juan*），它与那个阳光的莫扎特完全相反。

无论如何，如果崇高首先视美为对立面，这最终是为了促生反转，或者更准确地说是为了让反转成为可能，让我们摆脱偏见并摧毁绝对模型的理念。远不同于外溢和浮夸，崇高因此表现得矜持甚至无表达力：大埃阿斯的沉默，拉莫（Rameau）的《帕尔卡三重唱》（*Trio des Parques*）中的静默，蒙德里安（Mondrian）的《两条线的组合》（*Composition avec deux lignes*）。

2) 从接受者的角度来看,美的景象使我与世界融洽,没有任何真正的主体冲突;同样地,崇高的景象从内部严厉地煽动我,并且不停地教唆我和指使我。但是有那么一个时刻,以某种方式,它放开我,重新成为简单的美,好像它已用尽了那种奇怪地在它与我身上都出现的能量。我们可以说,崇高是那种通过激励我,将我从沉思的选择自由中抽离,使我陷入未知来自我否定的美。

3) 从挑战的角度看,这不再像柏拉图理念的美那样,逃离赫拉克利特的思想而思索一个智慧天国。所有确定性都在摇摆:崇高不只是向作为独立学科的美学提出质疑;它颠覆了政治秩序、心理秩序和道德秩序,使我们对一种原始因果联系变得敏感,自己强加这些名头,却脱离合法性。

我们以安提戈涅为例。她打算埋葬兄长的计划违反了克瑞翁(Créon)的禁忌。这件事始于忧虑,也没有引起任何同情;而她被罚永久地困在生者和死者之间,这惩罚带给她光辉和牺牲;而她最终通过破坏克瑞翁的权力而成功实现了她的伦理。但是这个胜利,她要为此付出生命的代价,没有任何东西可以提前作为保证。安提戈涅的崇高是出于一种欲望的启示。这种欲望在深度和强度上类似于一部法律,因为它甚至使自身成为法律而超越了另一部法律。恐怖本来盛行的地方,崇高却成功穿过。安提戈涅,这个极其固执的女人,一开始无法取悦我们:(但)她最终启发了我们。

就像崇高一样,美也抑制了我,并使我瘫痪。像里尔克提醒的那样,假如它并不在乎摧毁我,它会占据我的全部并把我缩减为无。"一个举止能有多冒险?"当美不只有美,一切都彻底冻结,变成光面纸上的图像。但成为崇高的美不满足于压垮;它鼓动我,并使我动起来。它恢复了我在这个世界上的存在感,并向我展示我的使命是高于我自己的。

第三章　审美的三难困境:取悦、启发或魅惑

(优雅是)一种人从上天而非艺术那里得到的罕见礼物。

迪弗雷努瓦(Dufresnoy)[1]

如果希腊历史中有一部分值得首先恢复那属于它自己的令人困惑的人类学意义,那一定是优雅与政治之间的关系。

克里斯蒂安·迈耶(Christian Meier)[2]

---

[1]　迪弗雷努瓦,《论图形艺术,论绘画的艺术》(De arte graphica, De l'art de la peinture), I, 第 27 页, 罗歇·德皮勒译, 1668 年第一版, 第二版, 巴黎, Langlois, 1673 年; 日内瓦, Minkoff 再印, 1973 年, « Sit Nobilitas, Charitumque Venustas / Rarum hominis munus»。

[2]　克里斯蒂安·迈耶,《政治与优雅》(La politique et la grâce, Politik und Anmut, 1984), 韦纳(P. Veyne)译, 巴黎, Seuil, 1987 年, 第 12 页。

权力的影响力可以根据它的控制力来衡量；评估美学权力的影响力尤其困难，因为它总是难以估量，与很难拆分的一些艺术及技术相辅相成，孕育出的效果也是混杂的。我们已经在第二章中展示了，崇高的权力和美的权力系统性地相互对立，虽然它们在一种已经变为崇高的、不再只有美的美中彼此交融。显然，产生愉悦的东西并不必然点燃思想；相反，启发我们的东西也不总是令我们愉悦。一方面，美引起赞美，并导致我们滞留在沉思中；另一方面，崇高强烈地刺激我们；而它产生的冲击在"扩大化"时达到最高点，由此我们被"一团已经在他处燃烧的火焰"点燃①。

这个由伯克大胆揭示的美学两难困境还是因替代前两个方法的新操作而被复杂化。由此就有了我们的"审美的三难困境"。魅惑不同于取悦和启发；调和（concilier）不同于教导和动摇；劝说既不是阐明也不是征服。虽没有美那么完美，但比它更激动人心的优雅产生即刻的亲和力。虽然没有崇高那么有效率，但与之相比，更柔和的优雅似乎在它付出的那一刻也在接受。

拉丁语中的优雅，即 *gratia*，首先表示有助于取悦人的东西：一件不一定令人愉快的礼物："即便这个真理对我来说并不

---

① 伯克，《关于我们崇高与美观念之根源的哲学探讨》，第五部分，7。

令人愉快（*jucunda*），但我还是欢迎它（*tamen grata est*）”，西塞罗写道①。反之，希腊语中的优雅，即 *charis*，立即令人联想起娱乐（来自 *chairein*，意思是“喜悦”），而并不是指引发它的那个客体。在这方面，拉丁实用主义和希腊享乐主义相互区分。优雅这个概念在希腊语中以 *chaire* 出现，即“让你自己喜悦”，而在几种罗曼语中则带有感谢的意思：意大利语 *grazie* 和西班牙语 *gracias*。法语 *merci*（*merx*、*mercis*，即与商品相关）暗示基于贸易的社会互惠，而英语 *thanks* 和德语 *Danke* 则优雅地表达了对思想的暗示（*to think*，*denken*）。除了娱乐和感激，优雅还意味着在介词短语“*grâce à*”（由于）中的那个有效原因，它被准确地翻译为希腊语 *charin* 和拉丁语 *gratia*，后接宾语。

事实上，优雅起作用的领域非常广：它涵盖了说服力的修辞、风度的美学、优雅艺术的理论、关于神恩的神学和关于无私的社会学②。伊夫·埃尔桑（Yves Hersant）高兴地谈论普桑的

① 西塞罗，*Att*，3，24，2，由埃尔努（Ernout）和梅耶（Meiller）引用，*DELL*，第 281 页。参见沃尔夫（E. Wolff），《关于美惠三女神形象的诠释》（*Sur une interprétation de la figure des Grâces*），载《古典文学杂志》“优雅”专刊，第 60 期，2006 年秋，第 39 页。尤其参见普罗提诺（Plotin）和韦伊（S. Weil）关于优雅的解释。马蒂诺·罗西·蒙蒂（Martino Rossi Monti），《人间天堂——神学与美学之间的优雅》（*Il cielo in terra-La grazia fra teologia ed estetica*），都灵，Utet，2008 年。

② 参见马尔科维茨（F. Markovits），《无私——谁是无私的受益者？》（*C'est gratuit-À qui profite ce qui ne coûte rien？*），*Albin Michel*，*Ban public*，2007 年。

《吗哪》(*La Manne* de Poussin)中的"无优雅的神恩"①,以证明神学和美学之间的边界在 17 世纪是关闭的。为什么普桑"用一种不优雅的方式"画出神恩降下意在滋养沙漠中的希伯来人的吗哪之雨(pluie de Manne)呢？ 神学对娱乐的谴责,与美学对不可预测之事的谴责和后吉伦特派(post-tridentine)对异教徒之优雅的谴责相结合。魅力与我们和上帝的关系无关,它"更善于扩大距离而不是缩小它";随机和无私在 *historia*(历史)中不能发挥主要作用,所以必须排除作品中的优雅;最后,优雅已改变了含义,是时候将精神的和感官的区分开了。

在 17 世纪,关于神恩的争论占据了舞台的中心位置。对于天主教神学家来说,优雅其实是一种不求回报且有效的上帝的礼物,是成就善所必需的。不接受这种有效性将有可能陷入佩拉吉亚主义者(Pélagiens)的错误当中。他们认为,人可以凭借自己的功绩而战胜天国。但是优雅的作用仍然可以被抵抗。因此,重要的是要承认我们的自由意志(libre-arbitre),而不能陷入加尔文主义者和詹森主义者拒绝或看上去拒绝这样做的错误②。现在,由于优雅本质上是在内心深处

---

① 埃尔桑(Y. Hersant),《普桑的〈吗哪〉或无优雅的神恩》(*La Manne de Poussin ou la Grâce sans la grâce*),载《古典文学杂志》"优雅"专刊,第 60 期,2006 年。参见亨利(C. Henry),《作为诗意政治体系的优雅》(*La grâce comme système poético-politique*)。

② 特雷武词典,1704 年第一版,1771 年修订版,对开 8 册,条目"优雅"。

被接受的,并且它以不可见的方式起作用,所以必须将它的行为与其表象区别开来。

　　一旦学说确立下来,优雅的不同含义就能统一起来吗?为18世纪着迷的我,被优雅在18世纪上半叶的法国(在华多[Watteau]、库伯兰[Couperin]、安德烈神父[Père André]和孟德斯鸠那里)所起到的联合作用,以及在18世纪下半叶,尽管不断地为自己辩护,但还是放弃了自主审美实施者的职能震撼了。如今在我看来主要原因很明显:相比优雅因其被视为不应得的恩惠(faveur)且缺乏艺术而导致的悖论,我们更喜欢没有直接用基督教神学的印鉴来标记,而是更多地与话语技巧联系起来的崇高的悖论。更准确地说是:崇高成为世俗哲学的核心,旨在使自己摆脱神学-政治的约束。宗教把自己变成诗歌,而麻烦转变成了抵抗的力量。

　　没有什么比真正的历史人类学更有用的了。它使我们能够构造和想象出我们习惯之外的其他行为及思考方式的类型。谈到修辞学,如今我们很难理解为什么它曾经本身就是政治:作为演出、作为交流的政治。让我们强化问题的表述:如何解释以其脆弱的先验感觉而著称的希腊人将优雅置于公民关系中的首要地位,而现代人则把优雅当作从天而降的礼物,并因考虑到它无法被教授和通过练习来掌握,而将它从政治艺术及其他所有艺术形式中排除在外?本章开头的两段引文旨在强调这一矛盾。第一段引文出自 17 世纪一位法国画家，也是可以与贺拉斯的《诗艺》相媲美的、拉丁文版《绘画的艺术》的作者；第二段引文出自从事希腊历史人类学研究的一位专家。

迪弗雷努瓦写道：优雅不属于被视为具有一系列艺术过程的艺术。优雅，或者更确切地说，是卡里忒斯（Charites）的高贵和优美，应该被当作"一种人从上天而非从自己的学习中得到的罕见礼物"[①]。特雷武（Trévoux）的耶稣会词典表达了同样的意思：优雅是"一种恩典，一种慈悲，一种非必然的施舍。如果它是必然的，那么它就不再是优雅"[②]。从另一方面看，克里斯蒂安·迈耶向我们警示希腊式政治与优雅的接近[③]，而这种接近如今"令人费解"。一种"优雅的艺术"可能在古代取得胜利；这种优雅的艺术，与当代对优雅在包括公民生活在内的各种艺术所起的作用进行理论化的困难之间，形成鲜明对比。

我在第一章中已经讲过我要做的事情所面临的主要困难：我想要展示优雅如何在历史中被当作对美和对崇高的批

---

① 迪弗雷努瓦，前揭，« Sit Nobilitas, Charitumque Venustas, / Rarum hominis munus, Caelo, non Arte petendum »。罗歇·德皮勒将"Arte"译为"études"。

② 特雷武词典，前揭。

③ 克里斯蒂安·迈耶，前揭，第 12 页。

评,以及它如何比以往都更值得重新找回这种功能;但是如果不研究 18 世纪下半叶崇高所扮演的既近似又不同的角色,那么对我而言,要想掌握其真实意义是不可能的。克里斯蒂安·迈耶的书曾给予我的工作非常大的帮助。然而他的目标与我的不同:为了强调希腊人在政治中赋予优雅的重要性,他将优雅放在美的一边,并从整体上来考虑美学权力。对我来说,正相反,我必须坚持它们的区别,以便理解"从有条不紊地培育优雅过渡到对它的神迹惊人且无法理解的评定"的历史转变。类似的转变与崇高为了美而离开修辞学范畴时发生的转变有许多共同的特征。为了说得更清楚,我将再次使用我从第一章就开始解释的美学权力的比较方法的图表,并根据其原则、技巧和效果依次进行研究。

魅力腰带,优雅三重奏,树叶的颤动

在荷马的眼中,一个人可以散发美的光芒,但同时缺少优雅。因此奥德修斯,"坚韧不拔的英雄",反击欧律阿洛斯(Euryale)的嘲讽,将取悦的美学权力与魅惑的美学权力分开。

> 另有人容貌如同不死的神明一般,但神明没有充分赐给他优美的谈吐,就像你外表华丽,天神甚至不可能使

135

你更完美无缺，但你却思想糊涂。你刚才使我胸中的灵魂充满怒火，说话太鲁莽无理。[①]

优雅是灵魂优雅，也是让灵魂得以显现的演说的优雅。极好的事情是，希腊人首先思考优雅和在逻各斯范围内的崇高。荷马将一种直接源自灵魂，且借它来展现其深层教化的权力，与体系论的美对立起来，这种美来自诸种形式的特殊和谐，它似乎已经证明了神的创造。说话得体的艺术本身只是一种善于展示的方式，就像我们在拉丁语汇 dico 那里重新找到的词根 * deik / dik（"展示"）所指明的那样。根据瓦龙（Varron），dico 这个词从 deiknuô 衍生而来[②]。优雅既可以在演说中也可以在身体中显示灵魂，因为演说和身体都有表达灵魂的能力。所以，话语的自由和柔和，像身体运动一样，不受灵魂原则约束。优雅是那个将灵魂和身体、心和精神、自然和艺术联系起来的神秘纽带。

如果阿佛洛狄忒在帕里斯眼中胜过赫拉和雅典娜，因此他认为这位女神最配得上金苹果，那么这既不是因为美，也不

---

① 荷马，《奥德赛》，第八卷，第 174—179 行，贝拉尔（V. Bérard）译，巴黎，Gallimard，Pléiade，1968 年。中文版参见《荷马史诗·奥德赛》，王焕生译，北京：人民文学出版社，1997 年。

② 瓦龙，《关于拉丁语》（De lingua latina），6，61，由弗洛朗（P. Florent）整理、翻译和批注，巴黎，Les Belles Lettres，1985 年。

是因为天才:而是由于一种特质,它能缓和嫉妒,排除惶恐,同时激起亲近的欲求和团聚的渴望,让人喜欢付出。美使人愉悦,崇高启发灵感,而优雅令人陶醉并激起一种几近无法抵抗的爱的形式。这就是为什么它曾经是指一种生育原则。这也是为什么伯克和康德似乎更追求优雅而不是美。他们将美定义为自动唤起爱的力量[①],或包含"引向与对象紧密结合,在它身上获得直接的享受"的东西[②]。

女神阿佛洛狄忒诞生自被克洛诺斯(Kronos)用刀割下、扔进大海的乌拉诺斯(Ouranos)的性器官;天空和海洋的婚礼产生白色的贝壳,她从那里绽出。在所有的结合中,最大、最引人注目的就是天空与海洋的结合;它制造出泡沫,而阿佛洛狄忒的神圣身体就在那里成形。然后,女神重回大地,每走一步嫩草都在她脚下诞生:"她在其脚下的嫩草周围长大。这就是阿佛洛狄忒!",赫西俄德(Hésiode)写道[③]。

如果把优雅视为一种装饰,那么这种装饰与它所装饰的人(l'être)亲密地结合在一起,比如阿佛洛狄忒从她跛脚的伴

---

① 参见本书,第62页。

② 康德,《实用人类学》(*Anthropologie in praktischer Hinsicht*),1797,§67,福柯译,巴黎,Vrin,1964年。

③ 赫西俄德,《神谱》(*Théogonie*),参见帕耶(J.-P. Faye)在为席勒的《论优雅与尊严》作序时根据赫西俄德构思的美丽诗篇,沙特内(C. Chastenet)译,Hermann,1998年。

侣——锻造之神赫菲斯托斯（Héphaïstos）——那儿得到的礼物"魅力腰带"。赫菲斯托斯非常珍视优雅，因为他之前的妻子是卡利斯（Charis，希腊语的"优雅"，同法语的 grâce），也被称为阿格莱亚（Aglaé），代表"光辉"，她的名字揭示了他铁匠铺中充斥的火光。他用发亮的金属为他的新欢锻造了一条"魅力腰带"。它不只是一件简单的装饰，还是绝佳的武器，一种女性武器。它令人难以抗拒，甚至当特洛伊战争进行到某一阶段时，赫拉都要祈求阿佛洛狄忒把它借给自己以重新夺回宙斯的爱。让我们回忆一下那些男性武器，例如同样也是赫菲斯托斯打造的著名的阿喀琉斯的盾牌，它不仅赋予战士战斗和自卫的能力，还有震慑和诱惑的能力。为了真正的效率，一件武器还必须是美的。席勒曾用令人赞叹的方式强调这条腰带的"魔力"：它便于携带，确保了效率，却不想被认出是一件具体的"武器"。它不仅"由主体创造"，还可存在于主体之外，可以被借用。

魅力腰带不是（……）自然地起作用的。因为在这种情况下，它不是直接在人身上起作用，而是通过魔法。因为它的力量超越了所有自然条件。（……）对于希腊人来说，优雅就是在刻意而为的动作中灵魂幸福而美丽的表达。在优雅显现的地方，灵魂是驱动的原理，在灵魂中动

138

作之美有其原理。因此,这种神话的寓意可以归纳为以下几点思考:优雅是一种美,它不是自然赋予的,而是主体自己产生的[①]。

当然,优雅比美更好地证明了一个能够自己产生美学权力并使自己变得优雅的主体的美学权力。然而,这种优雅在希腊人那里,并不是自然(la nature)与席勒内心渴望的超感性自由(la liberté suprasensible)之间的综合。完全内在的和感性的优雅,是最具体的艺术与最少隐藏的天性的交汇:它既不完全是前者,也不完全是后者;它展现出它们神秘的结合,即表达灵魂的动作和表达动作的灵魂所具有的几近奇迹般的可能性。

神话为优雅加入了第二种魅力的要素:三重奏形式的多元化。当美在其孤独的主权下收敛起自己,当崇高因遭遇相异性而迸发时,优雅在增强:在数字上它是三位一体的三或已经生成的两个之外的那个三。我们想起年轻且面带微笑的三姐妹的无数形象,她们形成了一个封闭的圆,有时甚至是一支法兰多拉舞曲。她们用肩膀和手相互支撑,均等地给予和接受。

---

① 席勒,《论优雅与尊严》,前揭,第 47、49 页。

139

从赫西俄德起，阿格莱亚（Aglaé）代表光辉，欧佛洛绪涅（Euphrosyne）代表柔和，塔利亚（Thalie）代表活力。塔利亚，喜剧的缪斯女神，使我们想起优雅也有令人愉悦的一面，甚至喜剧的一面，就像德米特里所写的那样①。德米特里赋予一种高雅（*glaphuros*）的风格以自主权。它以两种方式使人愉悦：消遣或逗乐。因此他进行了区分，将诗人伟大、高贵的优雅放在一边，而另一边才是喜剧普通、逗乐的优雅。"他十分了解'优雅的'（*euchari*）与'逗乐的'（*geloion*）的区别，但他毫不犹豫地把 charis 这个词的含义强行推向粗俗玩笑的方向，并使之与所有细腻、精致相反"，就像乔瓦尼·隆巴多所写的那样②。后来康德自己则将玩笑（德语 *Scherz*）与娱乐的艺术（*angenehme Künste*）联系在一起③。

根据可追溯到帕萨尼亚斯（Pausanias）的传统，苏格拉底本可以在他派遣年轻人去进修的雅典娜神庙入口处再现美惠三女神。另外，温克尔曼曾用奥赛（Adam Friedrich Œset）的一件雕刻来装饰他的一本书——《对模仿的思考》（*Pensées sur*

---

① 法勒鲁姆的德米特里，《论风度》，§128，希龙（P. Chiron）整理和翻译，巴黎，Les Belles Lettres，1993 年。

② 乔瓦尼·隆巴多，《〈论风度〉中的优雅、崇高和聪明》（Grâce, sublime et deinotes dans le traité *Du style*），载皮若主编，《古典文学杂志》"优雅"专刊，第 60 期，2006 年秋，第 172 页。

③ 康德，《判断力批判》，§44。

l'imitation），再现了正在雕琢美惠三女神的苏格拉底。优雅在这里只以喜剧方式出现：在三个躺着的女人中，苏格拉底热衷于用凿子和锤子用力地打造其中一位的身体[①]！但重要的是思考苏格拉底与优雅之间的这种关系：他身体的丑并不只与其身上那种可以使人忘记这种丑的天才相伴，它并不排斥优雅、礼貌和耐心。不论是在战争还是宴会上，他都比其他任何人更坚毅。而面对死亡时，他知道如何使自己远离哪怕最微弱的恐惧。

让我们回到安德烈神父乐于称赞的优雅三重奏的组合："若只有光辉，会厌倦；只有柔和，会乏味；只有活力，会茫然。"[②]没有什么能胜过优雅女神们的匹配：她们之间的互助有助于在灵魂上建立平衡，而远离一切过度。正如贺拉斯所主张的那样，不能只是将柔和与美结合在一起（"诗只有美是不够的；它应该是优雅的"[③]）；根据贺拉斯为维吉尔画的肖

---

① 参见波米耶(E. Pommier)，《温克尔曼关于优雅的概念》(La notion de grâce chez Winckelmann)，载《温克尔曼：启蒙运动时期艺术史的诞生》(*Winckelmann : La naissance de l'histoire de l'art à l'époque des Lumières*)，La Documentation française，1991 年，第 54、55 页。

② 安德烈神父，《关于美的论述》(*Essai sur le beau*)，1741，《安德烈神父的哲学作品》(*Œuvres philosophiques du père André*)，库赞(V. Cousin)编，巴黎，Charpentier，1843 年，第 156 页。

③ *Non satis est pulchra esse poemata，dulcia sunto*，贺拉斯，《诗艺》，v. 99，前揭。

像,柔和仍须与才智或动人相联系。

Molle atque facetum

Virgilio annuerunt gaudentes rure Camaenae[①]。

卡莫奈[②],乡野的朋友,赋予维吉尔

柔和与才智。

我们注意到卡莫奈在这里是乡下的而非完全城镇的。毫无疑问,比起写《牧歌集》(*Bucoliques*)和《农事诗》(*Géorgiques*)的维吉尔,贺拉斯考虑更多的是写《埃涅阿斯纪》的维吉尔。对他来说,这些区分并不适用;但这却给我们提供了宝贵的信息:优雅的记载并不仅仅在罗马一座城市。

当艾伯蒂(Alberti)甚至在非生物存在(*rerum inanimatorum*)的运动中找到优雅时,这是他将会记起的一段话:

头发、鬃毛、树枝和衣衫的运动,当它们被展现在绘画中时都会给人以愉悦的感觉。就我而言,我期望头发

---

① 贺拉斯,《讽刺诗集》(*Satires*),第一卷,10,追溯至公元前35年的诗,由安德烈神父在《关于美的论述》中引用,1741年。

② 卡莫奈,罗马神话中的喷泉女神,相当于古希腊神话中的缪斯女神。——译注

能执行我所提到的全部七种运动；它们像被绑住一样缠绕，像火焰一样在空中飘动，有时它们盘绕在另一堆头发下面，有时又从一边翻腾到另一侧。在弯曲和曲折的分支中也一样，有时向上拱起，有时向下拉伸；它们有时会凸出，有时会凹入，有时会像绳索一样扭曲。而且我们在衣褶的褶皱中发现了同样的现象。但是，正如我经常指出的那样，所有运动柔和而轻松，它们唤起了对优雅而不是对付出的努力的赞美①。

伊夫·埃尔桑(Yves Hersant)、托马·戈尔塞纳(Thomas Golsenne)和贝特朗·普雷沃(Bertrand Prévost)在评论这段话时，强调"优雅试图从 *historia*（历史）中将自己逐出，脱离表象"，因为它的运动是由外部（例如微风的效果）制造出来的，只与历史有一种无私利的关系："它们发生在再现之前"②。这是我们刚刚提到的对席勒论点的一种隐含的批评：优雅并不是由主体产生的，而只是参与其中。

在我看来最好的辩护是，优雅既是主动的也是被动的，既是无私利的也是有意志的：它表现为灵魂与身体的交汇，就像

---

① 艾伯蒂，《论绘画》(*De Pictura*)，1435，由伊夫·埃尔桑、托马·戈尔塞纳和贝特朗·普雷沃编辑并翻译，巴黎，Seuil，2004 年，第 159、161 页。

② 同上，第 324 页。

它们的相互作用所体现的那样。有时它与历史密切相关,要么通过被其表现形式所限制的英雄主义,要么通过它所产生的爱的影响。想一想柏拉图所写的令人震惊的关于苏格拉底之死的文字,或者特洛伊战争,每个人都知道,其原因是海伦特别可爱和优雅的美:

> 你一定不会感到惊讶,
>
> 这些站在特洛伊城墙上的老头子看着海伦走过,
>
> 讨论着是否因为她如此美丽我们遭受了那么多痛苦:
>
> 我们的痛苦都无法换得她的目光[①]。

现在,如果演说、女神、轮舞、风景,都可以表现出优雅,那么则有必要给予举止特别的位置。知道如何将一块布垂在他身上,用一只手抬起沉重的杯子,同时用脚撑住身体,这就是古希腊对配得上人这个名称的人的要求。它需要技巧,但还需要更多:自然,高雅,缺少明显的应用性。像阿佩莱斯(Apelle)想要的那样,不强调他的姿势,不想完成它,“褪去画笔”的艺术……优雅缺乏直接的实用性,这转移了仅关注获利

---

① 龙萨(Ronsard),《致埃莱娜十四行诗》(*Sonnets pour Hélène*),II,LX-VII。

能力的重技术之人对优雅的注意力。然而,它可是唤起比激发爱的力量更大的力量呀!

我们已经谈论过巴尔达萨雷·卡斯蒂利奥内的 *sprezzatura*(淡然),这是一种通过闪躲和近乎随意的自发的假装而展现出的样子①。想到这个,在我看来可以区分两种 *sprezzatura*(淡然):一个是美和几近傲慢,另一个优雅且低调。第一个通常会使人愉悦,但在一定情况下可能不会因要去奉承而变得与真正的判断力相悖。

文艺复兴时期的意大利人也使用除 *sprezzatura*(淡然)以外的另一个词:*leggiadria*,在爱情诗中表示女性和母鹿近乎动物般的优雅。但是它逐渐成为了一种艺术。事实上,费兰佐拉(Agnolo Firenzuola)在 1548 年,将它从 *legge*——即法律——演变而来。这依据了正确的词源,并否定其来自 *leggerezza*,即轻便②:

> (……)这无非就是对一种心照不宣的法则的遵守,
> 它被你们女人自然地实施和促进,为了在你们活动、穿

---

① 参见本书第 76 页注解①。

② 普罗旺斯语"*leujaria*"可追溯到一种拉丁口语 * *leviarium*,接近"*levis*",即 léger。参见科尔特拉佐(M. Cortelazzo)和佐利(P. Zolli)编写的《意大利语词源词典》(*Dizionario Etimologico della Lingua Italiana*),博洛尼亚,1983 年,第三册,第 661 页,单词"*Leggiadria*"。

戴、装饰整个人时，像是身体每部分都透露着优雅、谦逊、有节制和谨慎，以至于没有任何情绪和动作是没有规则、风度、节制或规划的①。

以机敏为特征，按德语 *Grechicklichkeit* 的意思或蒙田所指的"gaillardise"，*leggiadria* 这个词在因 *grazia* 的出现而消失之前，最终融入 *sprezzatura*。但是这里我们认识到，伊塔洛·卡尔维诺（Italo Calvino）在《美国讲稿》（*Lezioni americane*，1988）②中以"轻盈"的名义重新采用了文艺复兴时期的一个主要遗产。

华贵、天才和文明的价值

就像在修辞中 *suavitas* 或 *dulcedo* 与 *gratia* 通常结合在一起所暗示的那样，柔和与 *leggiadria* 和 *sprezzatura* 一样，是优雅的一个主要特征，以描绘居中的、炫丽的、雅致的风格，其本身职能是魅惑和讨好。

---

① 费兰佐拉（Agnolo Firenzuola），《崇高》（*Il Celso*），1548，由马里阿尼-齐尼（F. Mariani-Zini）引述、翻译和评论，条目"Leggiadria"，芭芭拉·卡森主编，《哲学欧洲词汇》（*Vocabulaire européen des philosophies*），巴黎，Seuil，Le Robert，2004 年，第 704—705 页。

② 我在这里重提由马里阿尼-齐尼发展的观念，前揭，第 705 页。

在埃斯库罗斯于公元前 459 年创作的《复仇女神》（*Euménides*）中，克里斯提尼（Clisthène）的民主改革生效（按部落分区；建立五百人议会；选举"十将军委员会"成员）之后，女神雅典娜决定建立一个审判俄瑞斯忒斯（Oreste）的法庭：他应该为谋杀母亲克吕泰涅斯特拉（Clytemnestra，海伦的双胞胎姐妹）而被惩罚吗？或者将他作为其父亲阿伽门农的复仇者而赦免？这个法庭——先前贵族制的亚略巴古（Aréopage）——宣告俄瑞斯忒斯无罪。但这是以令人不安的投票来进行的：赞成释放的票数和惩罚的票数持平。更准确地说，这次投票之所以通过仅是得益于雅典娜选择了俄瑞斯忒斯。因此，被激怒的旧世界的复仇女神们欧墨尼德斯以最恶劣的报复威胁雅典。雅典娜必须尽一切努力安抚她们；而且只有在劝导之神佩托（Peitho）的帮助下才能成功。劝导之神的柔和与迷惑最终在最强大的神、保护公民大会之神宙斯（*Zeus Agoraios*）的支持下获得胜利。

> 雅典娜：如果你敬重神圣的劝导之神，而她使我的话语具有安抚的魔力，那么就请你留下。（……）
>
> 领唱：你缓和了我的愤怒。我放弃我的仇恨。（……）

雅典娜：明白她们的好意，（复仇女神们）让我的城市安心，我心中无比喜悦，我祝福劝导之神。在面对她们强烈的拒绝时，她的注视指引着我的嘴唇和舌头。保护公民大会之神宙斯辩赢了，而我造福于人的坚持永远地获得了胜利[1]。

决定一旦做出，政治斗争便成为柔和的战斗：话语因此不再像在法庭里那样必须要以一种或另一种方式来判断，以击败或征服为目标；它也无意夸赞，就像我们朗诵一段赞美词那样；它只寻求说服，也就是魅惑或者取悦。但这难道不是将讲述的艺术归为柏拉图在《高尔吉亚篇》（*Gorgias*）里所谴责的、与真正的"讲述的艺术"对立、实施诱惑并把修辞变成这种"卑鄙奉承"[2]的艺术吗？

在一场旨在争夺城市最高权力的斗争（希腊语 *eris*，希腊神话中"Eris"为不和女神，也就是罗马神话中的"Discordia"）中，不再是阿佛洛狄忒，而是雅典娜需要向优雅求助，就像我们曾提到过的，赫拉曾向阿佛洛狄忒借用魅力腰带那样。埃斯库罗斯不是唯一一个在公元前 5 世

---

[1]　埃斯库罗斯，《复仇女神》，v. 885—886, 900 和 968—975, 马宗（P. Mazon）译，巴黎，Les belles Lettres，1968 年。

[2]　柏拉图，《高尔吉亚篇》，463a。

纪中叶为雅典娜赋予柔和与优雅的人；那些雕塑家也做类似的事①。为什么会有类似的转变？为什么三十年后在伯里克利(Périclès)称雅典为"全希腊的学校"时，他以适应所有情况、优雅、灵活(在中世纪它成为了一种美德，表示稳定的心境)来形容他的同胞们②?

> 总之，我可以断言，我们的城市是全希腊的学校，且每个人知道如何以非凡的优雅(*metà chariton*)和灵活(*eutrapelôs*)使自己的身体适应所有情况(*autarkes*)。这不是在这样的场合下的空自吹嘘，而是事实本身；这些品质让我们获得的力量向您指明了这一点。雅典是唯一一座在遇到考验时表现得比它的声誉还要伟大的城市；它是唯一不会被它战胜过的敌人仇视，也不会因统治者不够格而让它的臣民低看的城市。

这段文字引发了许多评论；如果我采用这段话，那是为了一个特定的目的：不仅展示柔和与优雅的标准是如何与其他公民标准区分开的，还要展示它如何建立与它们中的每一个

①　参见克里斯蒂安·迈耶，《政治与优雅》，第 22 页。

②　修昔底德，《伯罗奔尼撒战争史》(*La guerre du Péloponèse*)，第二卷，41，卡拉(C. Carrat)指导翻译。

之间真正的替代关系。优雅既不是简单的正义及其美好的理性，也不是崇高的力量。假如确实如此，那是因为它建立在排斥其他政治体系的特有原则基础之上，且这些原则对新生的民主是必不可少的。是它促进了其他价值：文明的价值，既不是华贵的价值，也不是天才的价值。

雅克利娜·德·罗米伊(Jacqueline de Romilly)提供了一个非常宝贵的要点，她提出术语"hémérotès"——在希腊语中意为柔和——与"文明"这个词具有相似性①。在人类的所有发明中，最具有拯救意义的就是成功地自我组织并以群居的方式来生活。根据柏拉图借普罗塔哥拉(Protagoras)②之口讲述的神话，人们将直接遭受挫败，因为火和各种技术发明导致了无休止的争论。后来是宙斯发善心并要求赫尔墨斯为他们带去廉耻(pudeur，希腊语 aidôs)和正义，"以便这些感觉成为城市的装饰和友谊的纽带"③。因此，一边是避免暴力的法

① 雅克利娜·德·罗米伊，《古希腊思想中的柔和》(*La douceur dans la pensée grecque*)，巴黎，Les Belles Lettres，1979年，以及《古希腊文明中的柔和与文明》(Douceur et civilisation dans la Grèce ancienne)，载《第欧根尼》(*Diogène*)，1980年4至6月，第110期，第3—22页。

② 根据多兹(E. R. Dodds)的观点(《希腊人和他们的信仰》[*Les Grecs et leurs croyances*]，埃尔梅(E. Helmer)译，牛津大学出版社，1973，巴黎，le Félin，2009年，第26页)，即使很难知道哪些话出自普罗塔哥拉而哪些话又出自柏拉图，这个神话也不太可能只表达了普罗塔哥拉的思想。

③ 柏拉图，《普罗塔哥拉篇》(*Protagoras*)，322c，《柏拉图全集》，第一册，罗班(L. Robin)和莫罗(M.-J. Moreau)翻译与注释，巴黎，Gallimard，Pléiade，1950年。

律,另一边是将人们有效团结起来的廉耻。究竟什么是廉耻呢? 埃米尔·本维尼斯特(Emile Benveniste)展示了这个概念如何在获得更具限定性的"廉耻"和"耻辱"的意思之前,意味着对同一个家族或同一个临时小组的成员们之间的尊重,以及随后对下属的尊重和一般意义上的忠诚。廉耻使得要重新定义情谊(希腊语 philia,区别于 Eros 那种理性的爱)和激励它的主动的关切:"父母、盟友、仆人、朋友,即因相互的廉耻义务而团结在一起的所有人都被称作朋友(philoi)。"[1]

遵循法律和为他人着想,这二者之间的结合很容易就做到了:它触及文明的基础,只要法律的非人格性可以立即由履行对亲近的人的善待义务来补偿。司法(所做的)是禁止,而尊重(所做的)是命令。这里,我们必须回到我在本书开头提到的伊阿宋与美狄亚之间著名的争吵场景。叙拉古的意大利民众首先为伊阿宋下面的话鼓掌:

> 你过分地夸大了对我的恩情(……)
>
> 你住在希腊,而不再是蛮荒之地。
>
> 你懂得了正义。你学会了依法律生活,不追求蛮力的好处。

---

① 埃米尔·本维尼斯特,《印欧语系词汇》(Le vocabulaire des institutions indo-européennes),巴黎,Les Editions de Minuit,1969,第二册,第340—341页。

但是当美狄亚反驳时掌声会更加响亮：

> 嘲笑吧，你自己有了安身之处，
> 我却孤苦伶仃出去流亡。
> **伊阿宋**：你咎由自取，怪不得别人。
> **美狄亚**：我做过什么？嫁了你，又背弃了你？[①]

正义系统显示出它的局限性，利用它的人成为一名伪君子。文明，不仅是遵守法律：它是保护自己人，照顾他们，尊重他们。真正的野蛮行径是美狄亚还是伊阿宋做出的？位置突然反转了。"你有权报复你的丈夫"，合唱队领唱对她说。美狄亚是可怕的，但她被赋予的复仇权利和她对此坚定的决心引发了我们的赞美。在她身上没有狭隘和嫉妒——这种完全无耻的感觉忽视所有廉耻，不关心对他人和对自己的最基本的尊重——而只是对荣耀的愤怒和不耐烦。崇高环绕在美狄亚周围，她乘着龙车离开，正如崇高集中在大埃阿斯身上，他在至福乐土上一言不发地远去。

---

① 欧里庇得斯(Euripide)，《美狄亚》(*Médée*)，V. 525 和 535—538，603—606，德尔古-屈尔瓦(M. Delcourt-Curvers)译，巴黎，Gallimard, Pléiade, 1970年。中文版参见《古希腊悲剧喜剧全集》，张竹明译，南京：译林出版社，2007年。

伊阿宋和美狄亚都不在优雅一边。伊阿宋被优雅所排斥,因为继克瑞翁之后,他为了一个能让他登上科林斯国王宝座的更年轻更富有的公主,抛弃了自己的妻子:他坚决地转向享受奢靡生活的价值观,他即便没有违背正义,也算背叛了廉耻(义务)。至于美狄亚,作为女人和外邦人,她被双重排斥在城邦之外。她只有从床上获得爱和幸福的权利。得不到爱和幸福,她失去了全部优雅,拼尽全力一步步走向愤怒。

> 我没有勇气,我的朋友们,
>
> 当我看到孩子们明亮的眼睛时。
>
> 啊! 我做不到![①]

面对冷漠的伊阿宋,美狄亚有意让自己变得可怕。对于一个人冷酷且自私的暴力行为,另一个人用激烈且有攻击性的暴力行为做出了回应。一边是由于爱自己而生的仇恨;另一边则是因爱别人而生的仇恨。

我们要注意,除了明显的差异之外,伊阿宋和美狄亚夫妇,与克瑞翁和安提戈涅这一组合之间,有着惊人的相似之处。当克瑞翁下令禁止埋葬波吕尼克斯(Polynice)时,他并非

---

① 同上,v. 1042—1044。

以公民道德行事：他滥用权力，从而犯下了真正的国家罪行①；因为他不是用一种法令来对抗另外一种法令，而是用一种激情对抗另外一种激情。与伊阿宋一样，克瑞翁代表反英雄。安提戈涅，在成为受害者那一刻，就获得了让人难以接受的光彩。她不仅像美狄亚一样注定流亡：她可怕的死亡也被确定，因为她将活着进入死者们的王国，被人类世界拒绝，永远被关在监狱里。因此，歌队就不再充满热情和怜悯了：他们因"明显的欲望"（ himéros enargès ）而着迷，"这是从令人赞美的年轻女孩眼中浮现出来的可见的欲望"②。这不再是一开始那个叛逆冷酷的幼稚姑娘的形象，处于乳臭未干（ ômos ）③的未被文明熏陶的状态，而是身上具有崇高感的光芒四射的形象。

毫无疑问，美狄亚的崇高不太令人信服，因为面对这个杀死自己孩子的人，深深的恐惧笼罩着我们。但是在这两种情况下，我们都赞美人类在面对暴力时所具有的令人难以置信的颠覆力量。这种暴力用柔和来装点并优先考虑更高

---

① 这是歌德曾看到的东西。参见《与埃克曼的对话》（ Conversations avec Eckermann ），许泽维尔（J. Chuzeville）译，Gallimard，1988 年，第 423 页。

② 拉康，《精神分析的伦理学》，1959—1960，《研讨会》，第三册，Seuil，1986 年，第 327 页。

③ 同上，第 306 页。

级、更普世、更少虚伪的原则。

我们对文明的指责、对文明所需要的奴役及其隐藏的暴力的谴责是否就此结束了呢？先不要让我们走那么远。希腊悲剧教会我们相对化这些价值，并理解维持这些价值观念所要付出的代价；但是它也在不停地展现对这些价值的遵从——即使很困难——如何构成最少的恶。**廉耻**和**情谊**的局限性源于它们超出有效的狭窄圈子的可疑扩张。伯里克利对我们的提醒不无裨益：雅典不被敌人"仇视"，不被臣民"低看"。但这只适用于处于鼎盛时期、可以承受纵容和宽恕的城邦。被柔和所困的正义如何才能使其严厉的理性占得上风？在讨好的趣味的束缚下，真正的力量怎样才能成全自己？柔和让强者感到惊艳或钦佩；在其他地方，它看上去却首先只能构成弱者的能力。但是想到这些，我们意识到，说服和让别人爱的能力构成了一件不可思议的武器，一种真正的权力。

开导，征服，劝说

伊阿宋和美狄亚相互指责对方使用一种不受欢迎的、因愤怒或单纯炫耀而生的雄辩术。双方都不能成功说服对方；而我们仍然陷在无法调停的对立之中。那么真正的雄辩术，是劝说并在双方之间建立一致的那种雄辩术吗？为了回答这个问题，必须尝试理解古代修辞的三种截然不同的观念：柏拉图对它的拒绝、亚里士多德对此调节而成的辩证法，以及西塞罗将其哲学化的变形。

在苏格拉底眼中，雄辩术的目标是说服，但它却完全倒向了奉承一边。它非但不是**技艺**，反而只是假象、讽刺漫画或者法理（*dikaiosunè*）之偶像（*eidôlon*）的面具："通过愉悦的吸引，它以滥用的胡话设置陷阱，从而赢得了关注。"①苏格拉底由此针对的是高尔吉亚，这位从公元前 427 年来到雅典的西西里智术师是赞颂性的（用于赞美的那种）雄辩术的第一位大师。这种类型后来与诗歌竞争②。在进行这段批评的几年后，苏格拉底在《斐德罗篇》中重新回到这个问题上来：因为修辞家们不了解灵魂的本性，对整体的本质了解得更少，因此"不要劝说（*mê peithômetha*）我们说他们有**写作的艺术**（*technè graphein*）"③。这段文字在这里呈现出哲学的一面，对智术师派的说法是不真实的。

---

① 《高尔吉亚》，464b，阿尔弗雷德·克鲁瓦塞（Alfred Croiser）译，巴黎，Les Belles Lettres，1972 年。

② 参考，例如，库尔提乌斯（E. R. Curtius），《欧洲文学与拉丁中世纪》（*Europäische Literatur une lateinischees Milltelalter*，1948），Routledge & Kegan Paul，伦敦，1953 年，第四章，第 65 页。

③ 柏拉图，《斐德罗篇》，271b，罗班（L. Robin）译，巴黎，Les Belles Lettres，1966 年。

与柏拉图不同,亚里士多德认为修辞学是一门艺术。他赋予它的功能(*ergon*)不再是劝说,而是构想"每个主体包含的劝说手段"[1],并发现像真正说服力一样的表面说服力——考虑到它们的接近性。如果说它的用处仍然有限,那是因为说服力的领域也是如此。所有艺术都有局限性,例如医学不能治愈疾病,却只能使它们"尽可能地在康复的道路上前行"[2]。亚里士多德的独创性在于,一边通过证明的艺术(enthymème,部分前提或结论被暗示的三段论)把修辞与辩证法联系在一起,另一边则把修辞与伦理和政治相连接,因为它以品格和激情的知识作为前提。因此他区分出赞颂性的(在私下和公共场合那种赞美)、审议性的(在议会讨论时的那种)和诉讼性的(在法庭上进行起诉和辩护的辩护词)类型。他将它们根据三种时态与三种听众对应:观众考虑现在,参政者着眼未来,辩护者对过去发表意见。然后确定了三种目的:对于观众的美与丑,对于参政者的有用与有害,对于辩护者的正义与不公。美学权力似乎专注于赞美的类型;但这并不是说它会排除其他类型。相反,当演说与艺术而不是与科学有关时,或者当具有科学性的它针对非学者时,它所起的作用就

---

① 亚里士多德,《修辞学》,1.355b,梅迪柯·迪富(Médric Dufour)译,巴黎,Les Belles Lettres,1967年。

② 同上,1.355b。

会更加重要。

当我们拥有最精确的科学（epistémè）时，有些人是我们没那么容易只从这唯一来源来汲取的演说就能劝说的。依据科学，演说属于教育，且在这里不可能使用它，因为证明和演说必然通过共同的基本概念（dia tôn koinôn）来传递①。

亚里士多德最终处理的是现代"传播者"的艺术，既不像教师也不是客观的信息提供者，而是媒体或同一公司的不同成员的特定项目的诠释者。与希腊劝说的艺术完全一样，在赞美的情况下，交流的艺术包含主导性的美学元素，而在审议或辩护的情况下，则包括次要但没有被削减效率的(美学元素)，并且这些美学元素必须与亚里士多德在《论题篇》(Topiques)中处理的基本概念相联系。

与亚里士多德相比，西塞罗引入三种主要变化：修辞学和哲学之间联系的紧密，普遍论题(演讲者可以从中获取关于所有主题的想法和证据的来源)的概念的重铸，以及演说的三个职能的新阐释：docere、movere、conciliare，即教导、打动和调和。

① 同上，1.355a。

演说的特性是宣讲(*dicere*),论辩的特性是言说(*loquī*):宣讲是实用和传递的艺术,言说是思辩和非传递的艺术,二者是对立的。但它们都涉及论述(*disserere*)和编织(*serere*)[①]。如果说芝诺(Zénon)将辩证法比作攥紧的拳头,把修辞比作张开的手掌,似乎宣讲的艺术更广泛,而言说的艺术则更凝练:言说的艺术某种程度上位于金字塔的塔尖,而宣讲艺术则构成金字塔的基础。但与此同时,宣讲的艺术更狭窄,因为它必须适用于当前(具体)情况。

因此,我希望我们堪称典范的演说家了解言说所有那些可运用于宣讲艺术的东西[②]。

演讲者成为有成就的人的榜样:哲学家,他还参与政治策略和城市发展方向("*auctorem publici consilii et regendae civitatis ducem*"[③])的决策。在这些条件下,普遍论题的问题变得至关重要,因为问题在于(如何)将自己提升到一种可以克服个别性的普遍视角。这些(普遍论题)属于**教导**、**打动**还是**调和**?(关于)得体,即**端庄得体**(*decorum*)的理论无疑会

---

① 西塞罗,《演说家》,113。
② 同上,114。
③ 西塞罗,《论演说家》,第三卷,63。

分配给被严格定义了位置的演说的不同职能:尤其是,打动(他人)的艺术必须体现在结束语中。但是,除了与演说中一种确定情况建立关系之外,选择劝说本身是否表示不能被划归为对**教导**或**打动**的寻找? 我们有充分理由来讨论这个三难问题吗?

在这里,我们必须遵循弗朗西斯·戈耶(Francis Goyet)的观点,并集中分析**调和**(*conciliare*)这个动词,而不是 *delectare*(délecter,使愉悦)。阿兰·米歇尔(Alain Michel)强调它在西塞罗最后两部著作《布鲁图斯》(*Brutus*)和《演说家》(*Orator*)中的作用①。**调和**是一个美丽的术语,它演化自 *calare*,即呼唤、宣告、召唤(希腊语 *kalein*)。因此它意味着通过拉近关系而结合。问题不是开导或征服,而是在给予和接受的优雅之庇护下找到交流的地方。《论取材》(*De Inventione*,西塞罗青年时代的作品)曾强调**打动**,并给予**劝说**(*persuadere*)有限的作用。《论演说家》(*De Oratore*)精心提出这个概念,并让西塞罗"走上了他的艺术巅峰"②。历史背景揭示了这一变化:行省总督维勒斯(Verrès)在西西里进行臭名

---

① 参见阿兰·米歇尔,《西塞罗的修辞学和哲学》(*Rhétorique et philosophie chez Cicéron*),P.U.F.,1960 年,第 154—157 页。正如阿兰·米歇尔强调的,"*delectare*"在论《演说家》中只在与"*dictio*"关联的情况下被使用。(《演说家》与《论演说家》是西塞罗的两部不同著作。——译注)

② 弗朗西斯·戈耶,前揭,第 252 页。

昭著的盘剥，反对他的演说精彩绝伦，西塞罗的"愤怒"是那么富有感染力以至于罪人几乎被处以私刑。他作为律师决定以书面形式继续他的《反维勒斯》，从此他更喜欢辩护人而非控诉人的角色。

戈耶区分了两种**打动**——一种是柔和的，另一种是激烈的。他最终将**劝说**归入**打动**，而不是像我想要做的那样把它们对立起来。我的主张不是重提他那些出色的分析，而只是了解什么可以服务于我的美学三难困境的论题。关键点在于放弃悲剧学派，转而使用修辞学。在这两种情况下，引人入胜是必不可少的，但是在前者中，典范是**言说**（*loqui*）：悲剧（只是）制造深度，没有让我们从实存的绝境中解脱，并向我们展示一些为欲望所苦的英雄们。它来自融入世系、历史的沧桑和对成就的渴望。希腊悲剧在更宏伟和更可怖中贴近生活，其难以置信的共鸣是因为它注定要错乱和死亡。相反，在政治-演出中，修辞的世界就是**宣讲**（*dicere*）的世界。"如果存在**愤怒**（*furor*），那只能是好的**愤怒**。演说家像美狄亚一样被一种神圣力量抓住。但这种力量是有益的，而不是恶意的。或至少，这种力量必须让自己看起来是"有益"的"[1]。西塞罗把情绪（*pathos*）等同于拉丁语的

① 同上，第279页。

161

愤怒对应的希腊语词；但当进入修辞领域时，作为一种情绪的愤怒（*furor - pathos*）接近热情，变得有建设性，使自己朝向善。从普遍论题和罗马最高效的致意中获取灵感，演说家不再是一个小丑，而是扮演着决定性角色：他是一个因对公共事务的爱而激动、与受众在同一理想状态下交流的公民。当然，（上述观点）与柏拉图的距离很大，与亚里士多德的距离也很大，因为在《修辞学》的起始，西塞罗坚持认为对演说家持有的信心应该来自他的演说的安排，而不是来自对其性情（*èthos*）的偏见。相反，在西塞罗这里，信心来自共同的信念：

　　这是因为演说家将要运用和阐述的那些思想和情况具有如此巨大的力量，以至于无须任何伪装和欺骗。要知道，演说家希望用来感动他人灵魂的演说本身会比对任何一个听众更强烈地感动演说者本人①。

在这种情况下，美学权力从演说家身上不由自主地流露出来，来适应通过他的沉思、性情和情绪而不断自我更新的普

─────────────

① 西塞罗，《论演说家》，第二卷，191，由戈耶引用，第 286—287 页。中译文参见[古罗马]西塞罗，《论演说家》，王焕生译，北京：中国政法大学出版社，2003 年。

遍论题。性格和激情之间的对立减少了。昆体良徒然地将风度(*mores*)放在戏剧一边,将激情(*affectus*,归于**情绪**)置于悲剧一边,他认为"激情"(passion)一词在两种状况下都适用,且最好是用柔和的激情来对抗平静的激情。拉丁语的情感除去了情绪里的戏剧性成分:我们继续用**情绪**来翻译**激情**,但它的含义已经改变。

> 谨慎的作家(……)曾说有两种激情(*affectus*):一种活泼且有活力,另一种柔和且有规律;一种猛烈地扰动心弦,另一种从容不迫地渗入;他们说,通过前一种我们在假装支配(*imperare*);通过后面这种,我们只想劝说;有些在面对混乱(*ad perturbationem*)时有效,而另一些则是在面对善意(*ad benevolentiam*)时有效①。

简言之,有说服力的优雅采用柔和的崇高,比悲剧的崇高更少浮躁、更少嘈杂,但却非常有效。然而,问题依然是,要弄清我们是否必须满足于崇高和优雅之间的本质区别,以支持美学三难问题的存在。我再说一遍,我的选择是基于

---

① 昆体良,《演说术原理》(*De l'institution orataire*),第六卷,2(译文有改动),维兹耶(M. C. V. Ouizille)译、沙尔庞捷(M. Charpentier)校,巴黎,Garnier,1921年,第145页。

对崇高的纯粹悲剧本质的认识。我们被自己并不真正参与的东西所刺激并感到兴奋。我们对那些我们不屑于成为的人亦步亦趋，他们吸引着我们，迫使我们去深入研究生命燃烧着的谜团。

有缺陷的形式，反义词，系列：华多的例子

根据我们是优先选择美、崇高还是优雅，我们所面对的损害截然不同。追求美会招致唯美主义、冷淡和抽象的风险。转向崇高，就要通过实现一个任务和超越自我的固执来使自己暴露在对极端残酷和非人性的指责之下。优先考虑优雅并表现出对讨好他人的在意，则是给装模作样、伪善甚至怪诞的指控可乘之机。

每种类型的美学权力往往伴随着一种会破坏其执行的有缺陷的形式。但对它们中的每一个来说，优先的战斗都是针对丑陋的，这被认为是主动剥夺，而不是单纯缺陷。摒弃、使陷入困境、施加暴力，这些是丑陋的三个权力。追求美的前提是拒绝畸形和不和谐，但它们与崇高和优雅是可兼容的。要使自己适应崇高需要不断地与吸引我们并在我们身上强加其规范的怯懦和平庸做斗争——（然而这）不论是在美还是优雅中都不是必需的斗争。最后，追求优雅要求不懈地拒绝暴力，

而暴力却仍然与美和崇高保持和谐。

因此每种美学权力的局限性都与可以替代它的其他权力的存在相关。缺乏形体美可以引导发展出一些优雅的风度或使自己专心于艰苦的任务；缺少热情和坚持可以导致行事墨守成规或行为极端细腻；缺少体验迷惑的渴望会引向退缩，或者相反，导致承担崇高的苛求。因此，美、崇高和优雅并不只以偶然和欠思考的方式展现：在我们看来，它们是真正的权力，既有天生的又有后天的，既必不可少又是辅助的，我们可以对其进行部分处置。

现在，美、崇高和优雅不再局限于存在的即刻选择：它们或多或少地由历史的或虚构的人物所体现，为我们提供既吸引人又令人泄气的典范；它们还在一些特定的风格、作品和艺术家中幸存下来。几个世纪以来，优雅的亲和力通过普拉克希特列斯（Praxitèle）、科雷吉欧（Le Corrège）、华多（Watteau）、加布里埃尔（Gabriel）、库伯兰等来建立亲密关系。相反，菲迪亚斯（Phidias）、米开朗基罗、卡拉瓦乔、伦勃朗、贝多芬和其他人加入到崇高的先贤祠。而美的壮丽则汇聚了阿佩尔（Apelle）、皮耶罗·德拉·弗朗西斯卡（Piero della Francesca）、拉斐尔、鲁本斯（Rubens）、吕利（Lully）、格鲁克（Gluke）……

我想强调一下华多的情况。在我看来，华多的优雅，与美和我们倾向归给他的某种忧伤，有着明显的区别①。我们要感谢克里斯蒂安·米歇尔(Christian Michel)，他最近表示，把《吉耶》(*Gilles*)判别为华多的作品是有问题的，原因有三点：同时代的人未提及过这幅画②；它的大小在华多的作品中不寻常；并且它将是画家拒绝显现画法(touche apparente)的唯一例子③。"不过，"克里斯蒂安补充道，"这幅画并入华多资料库只会产生有益的影响。画家缺乏表情的面庞是所有投影的地方；我们在那里自然地看到画家本人甚至基督的身影。"

然而，华多的优雅却排除了悲剧性和尖刻的一面；它实施着一种不引人注目的轻佻的诱惑。如果我们将他的《帕里斯的裁决》(见图2)与保存在伦敦的鲁本斯(同一题材)的画作(见图1)相比较④，(绘画)意图的改变是惊人的。在鲁本斯那里，阿佛洛狄忒的轮廓从背面的赫拉和正面的雅典娜之间绘制。她神妙地与帕里斯眼神相交，同时慢慢将手靠近她的心。

---

① 参见巴尔迪纳·圣吉宏，《华多，优雅和崇高》(Watteau, la grâce et le sublime)，收入《艺术汇合处的华多——优雅的美学》(*Watteau au confluent des arts-Esthétiques de la grâce*)，罗塞欧(C. Rauseo)和图坦(V. Toutain)主编，Valenciennes，2009年4月2日—3日，Presses universitaires de Valenciennes。

② 克里斯蒂安·米歇尔，《著名的华多》(*Le «célèbre Watteau»*)，Droz，2008年，第17、269页。

③ 同上，第95、269页。

④ 华多，《帕里斯的裁决》，1720年，卢浮宫博物馆；鲁本斯，《帕里斯的裁决》，1632—1635年，伦敦，国家美术馆。参见达米施(H. Damisch)，《帕里斯的裁决》，巴黎，Flammarion，Champs丛书，1992和1997年。

图 1　鲁本斯,《帕里斯的裁决》,1632—1635 年,伦敦,国家美术馆

正如罗杰·德·皮勒斯所见,构图是圆形的:三位女神被放置在一个巨大的圆圈之中,就像被放置在一个美丽的球体中[①]。根据葡萄串原理,光线散射到身体的部位被用深色阴影突出和强调。但是在华多的画作中所有这些圆度和曲线都被极大地减弱了,阿佛洛狄忒柔和且修长的剪影从背后展示给观者,她羞涩地撩起了面纱。她的竞争对手已经离开。一个用孔雀

---

　　① 　罗杰·德·皮勒斯,《关于绘画知识的对话》(*Conversations sur la connaissance de la peinture*),1677 年,Slatkine 重编,1997 年,第 276—279 页。

图 2　华多,《帕里斯的裁决》,
1720 年,卢浮宫博物馆

来展示自己的美丽和自负,另一个用美杜莎装饰的盾牌来象征崇高的压倒性权力。只有高雅才能打动观者,即使更直接的肉欲的诱惑征服了年轻的牧羊人。鲁本斯颂扬美的唯一性:从三个不同角度重复同一个女人。而对华多而言,他迷恋于逐渐消失、隐秘和只能被暗示的一切。这位画家善于描画纤美的脖子,它的轮廓在高发髻、丝绸的褶皱和轻盈的树叶之下显现出来。Leggiadria[①]深层的情色被重新发现了。

策略,后天才华,规则

那么是否存在一种优雅的策略?如何定义它呢?优雅是在风度(èthos、mores)、行为和话语中,给人以自由的感觉。它不会像永恒的美一样保持不变。它并不会在崇高所特有的强烈影响中展开;但它会温柔地颤动,轻微地运动。在由最伟大的天赋所引发的竞争中,它既不模仿也不创造;它在这里或那里轻轻地吐出一点花蜜,重新向他人阐述它的魅力。当巴尔达萨雷·卡斯蒂利奥内劝告朝臣们"从拥有优雅的人们那里搜集和窃取(rubare)优雅,并把它全部用于模仿大师,并且如果有可能的话,将自己改造成他"[②],毫无疑问他会记得朗吉努斯:

　　因为从本质上说,某种程度上,在真正崇高的作用下,我们的灵魂升华,达到顶峰,充满喜悦和激昂的情感,

---

　　①　Leggiadria 是意大利文,意思是美、可爱、优雅。参见本书第 145—147 页。——译注
　　②　卡斯蒂利奥内,前揭,第 53 页。

就好像它自己创作出它所听到的。(……)采用类似的方法不算窃取；但这就像美好的品格、美丽的作品，或精心制作的物件的烙印。在我看来(……)面对一个盛名已久的竞争者荷马，如果柏拉图这个青年运动员不能通过宙斯在竞争中确保跻身前列，那么他的思想(……)就不会如此美丽地绽放①。

崇高是一场肉搏战：正如赫西俄德所说，它的信念是"竞争(Eris)对凡人都是有益的"②。一项任务势在必行，最后必须不惜一切代价，按需要来锻造他自己的表达手段。相反，优雅是迂回的，能够适应环境并在确定的状况下惹人喜爱。这是机敏、审慎和交际手段的胜利：当它借用或"窃取"某物时，只要人们不在乎来源问题它就会这么做。它不具有崇高的果敢，这种崇高本身采用令人不快的手段，例如巨大的、畸形的、不和谐的、晦涩的；它也不具有美的恒久和令人赞美的宁静，确信只使用取悦所有人的手段。

优雅基于一种几乎不可见的魅力，正如孟德斯鸠提醒我们的那样③，"我们将其称作我不知道是什么(je-ne-sais-quoi)"，但

---

① 朗吉努斯，《论崇高》，第七卷，2，和第十三卷，4。
② 同上，第十三卷，4。
③ 孟德斯鸠，《论趣味》，前揭，第36页。

同时远离了布乌尔神父(Père Bouhours)给出的定义：

> 如果我们知道它是什么，它就不再是一个我不知道
> 是什么。(……)它是如此微妙和难以察觉的某种东西，
> 以至于它逃脱了最有穿透力和最洞察入微的智慧：人类
> 的灵魂知道什么是天使身上最灵性和上帝身上最神圣的
> 东西，但由此说来，它却不知道触动灵魂的感性客体中最
> 迷人的那个东西是什么。这些东西本身是可见的，但引
> 起它们的运动使它们不可见①。

速度使优雅避开了凝视的动作，孟德斯鸠赞同这种美的
观念，但他拒绝从所有分析中除去优雅。相反，他的持续惊喜
的理论把效果不停增长的优雅记入了贷方。的确，这使我们
感到惊讶，比我们料想的更多。因此，它与丑而不是美相关，
因为"比起在我们看来并没有要取悦我们的人，我们更会被取
悦我们的人打动。(……)这就是为什么丑的女人经常拥有优
雅，而很少有美女拥有它"②。

美似乎比优雅更稳定、更可分析且令人期待。孟德斯鸠

---

① 布乌尔神父，《阿里斯提与欧仁的谈话录》(*Entretiens d'Ariste et d'Eugène*)，1671 年，P. Bossard，1920 年，第 209 页。

② 孟德斯鸠，前揭，第 37 页。

回顾了布菲耶神父(Père Buffier)对美的定义,即"最普通的事物的集合",并补充道:"当解释其定义时,它就是极好的"[1]。必须对此加以解释,因为正如我们所看到的,"普遍的"(commun)这个词已成为贬义。如果说美是令人赞美的,那是因为它本身似乎构成了标准:它独自指定规则。相反,优雅对应那种依靠自身而存在并在行动中获得和训练有素的"自由美"。康德将其与某种程度上从外部构思的、表达的、表意的依附美相对立。"完美从美那里获得的没有美从完美身上获得的多。"[2]这就是在我看来优雅的真谛:它的那些缺陷本身就能打动人,而不是因其过分的完美而使人胆怯并保持距离的美。卢梭对此有深刻的直觉,他对他的皮格马利翁发出下面的感叹:

> 啊! 完美就是让你想要的东西……神圣的伽拉忒娅(Galatée)! 若不够完美,你将一无所获[3]。

---

① 孟德斯鸠,《孟德斯鸠全集》,《我的思想》(*Mes Pensées*),Oster,巴黎,Seuil,1964 年,第 981 页。

② 康德,《判断力批判》,§ 16。

③ 卢梭,《皮格马利翁》(*Pigmalion*),1762 年,由瓜涅(Goignet)于 1770 年配乐,1772 年编成歌剧,收入《卢梭全集》,第二册,由库莱(H. Coulet)整理、居永(B. Guyon)注解,巴黎,Gallimard,Pléiade,1964 年。

美太神圣,太具有压倒性,太绝对。优雅,它更人性化:它协调,和解。它允许与比例和规则保持距离,而崇高却往往要求对其进行颠覆,无论是否自愿。遵守行为准则在优雅这里显然自在又容易;一种思维方式似乎立即就在存在的方式和行为举止中表达自己。不同于滑向非时间性的美,优雅存在于此刻,伴随着一种**节奏**(*tempo*)。后者宜人且轻盈,以至于我们都忘记了它所有的严格。

相反,崇高让我们想起了这种严格:它约束我们的整个存在,为让过去在未来更厚重而壮大过去,激发我们的精神活力。正如埃米尔·本维尼斯特所指出的那样,*aiôn*在荷马那里首先是指生命的力量,它给予存在以活力并赋予它生命①。*aiôn*不是一个永恒且抽象的原则:它是促发当下的现实生命的原则,其崇高唤醒了我们内心深处的意识。

赞美,惊讶,爱

让我们概括一下已经讨论论过的问题:为了分析形成美、崇

---

① 埃米尔·本维尼斯特,《不朽的欧洲表达》(Expression européenne de l'immortalité),载《语言学协会公报》(*Bulletin de la Société de Linguistique*),1937年,第109页。

高和优雅的策略或秘密演说,我们已经考虑了艺术作为**技艺**(*technè*)和**创作**(*poièsis*)的双重作用、手段(甚至秘诀)和 *consilium*(**决策**)(计划[*projet*])的使用①。而且我们必须在**决策**中为两种计策做区分:第一种用于掩饰手段的存在,用于隐藏艺术;第二种负责这些手段的选择。让我们采取防御性的计策:回撤代表着美,猛烈与崇高相联结,颤动体现优雅。这三个都消除了对圈套的怀疑②,但是通过不同的手法:面纱遮挡视线,激情使人振奋,**节奏**让人入迷。如果我们从审慎转变为创造的果断,那么美就建立在模仿的基础上,崇高则建立在创造之上,而优雅的基础是契合。完美典范的理念困扰着美,崇高因突然闯入的必然性而感受到痛苦,优雅被能让它看起来更"自然"的魅惑特征所迷惑。

现在,如果我们脱离这种与接受者建立联系的策略,我们就必须区分直接影响和长期后果。"影响"来自拉丁语 *efficere*,是完成、达成(*efficitur ut*)的意思;它涉及有效原因,有别于形式的、物质的,甚至目的的原因。"后果"(*conséquence*)不是它真正的同义词。因为后果与原则的整体性有关,并指明了其运作(包括 *cum*,**一起**的意思,和 *sequi*,**遵循**)的结果。一边是直接影响或经验的三种类型:沉思,意外的吸引,参与。另

---

① 参见本书第 21 页脚注②。
② 参见本书第 89 页脚注①。

一边,是后果或表现的三种类型:赞美,惊讶,爱。

让我们首先坚持影响的明显的无偿性,这似乎与目的的缺失或者更多地与我们从康德那里得知的珍贵的"无目的的合目的性"(finalité sans fin)的概念有关:"美是一个对象的合目的性的形式,如果这形式是没有一个目的表象而在对象身上被感知到的话。"①当我们制造一枚汤匙或一张床时,目的的概念是绝对必要的:再现于它们所服务的东西之中就是指导它们的制造。因此,这个概念是技术对象的原因,是其可能性的真实基础。合目的性,它只是与一个目的(Zweck‐mäßigkeit)相一致,换句话说,是有关一个对象的概念的因果关系,不论该概念是否被意识到。美的目的或美的东西的概念到底是什么? 我们从美的观念下手:这意味着我们假设了美的合目的性,而我们并没有与这个合目的性一致的目的的精确概念。"无目的的合目的性"的观念与"反思判断"的观念相关②:有些判断没有得到应用,不能根据已知的精确概念来确定其对象,而只能是将这个对象与一个本身就不确定的观念联系起来。因此独特的无法被归入普遍的;它只会唤醒这种普遍性观念,并引导我们朝向它。

类似的区分有助于理解美学权力和它表面的无偿性的特

---

① 康德,《判断力批判》,§17。
② 康德,《判断力批判》,前言,§Ⅳ。参见《逻辑》,第一章,§5,6。

殊影响:美学价值起初似乎是在逃避交换法则,但最终在不同程度上通过市场得到了整合和恢复。如果无偿的就是"无价的",正如马尔科维茨(Francine Markovits)所表明的,那就相当于它是没有任何价值基础的基础①。它的合目的性很明显,而它的目的却并非如此。通过这种方式,无偿性以其最深不可测的方式来表达价值,并提醒证实的原则必然是不可证明的。对于那些不认得这些"价值"的人来说,提出它们又有什么意义呢? 金钱,作为一种普遍等价物,试图进行翻译,从这个词正反两面的意思"揭露"它,揭示堕落的权力的同时也揭示了升华的权力。

但是无偿性具有截然不同的形式,根据它不加遮掩地标榜和要求反思还是单纯一闪而过的诱惑而定。许多东西惹人生厌,摧毁或排斥我们;空虚的、痛苦的、恶心的东西威胁着我们,侵蚀我们对生活的热情。有什么比引起我们那令人赞赏的沉思,以一种微妙且出乎意料的方式,向我们传递冲动或使我们着迷的东西更具深远的益处呢? 反对虚假的知识,首先必须调用生命的知识:滞留在美的沉思中,让自己被崇高激发,将其附着在优雅上。

但是,不是任何审美相遇都是不言而喻的:每次相遇都要求一种作用的形式。美只能在研究和批评中品味;崇高使我

① 马尔科维茨,《无私——谁是无私的受益者》,前揭。

们经受一次真正的考验，并要求我们对此作出回应；优雅，它将自己表现为一种恩惠，一种自由性，一种必须要学会即时把握的机会。在这三种美学权力中，第二种是假定最为精细，但也是最必要的：它使我们彻底地摇摆不定，并把我们引向其他地方。我们再也不能满足于平静地分析迹象，也不能为短暂把握它们而感到满意：这一迫切的要求天生就要冲出自我，与他人共同感受，一起思考。

因此，在这三种类型的表现中所进行的选择，其主要特征是完全不同的：赞美(l'admiration)，是对高处的凝视，它产生的惊叹让冷漠和藐视后退。惊讶(l'étomement)，*严格地说*，是指被雷(tonnerre)击到(来自动词 *extonare* 或 *attonare*)，换句话说，是打雷，即天上的震荡；只有当我们成功克服它在我们身上引发的胆怯，并且不会屈从于恐惧而逃避，它才会变得非同凡响。爱(l'amour)，就其本身而言，正如笛卡尔所写的那样[①]，它激发灵魂"自愿地与似乎适合它的对象融合"；它克服了嫉妒，消除了我们内心的寡情。

当美的意识将它体现的对象转化成一颗在名誉的天空中熠熠生辉的耀眼**明星**时(无论是先天还是后天)，当崇高活动所固有的震惊和剥夺将体现它的对象转化成有助于我们发现

---

① 笛卡尔，《论灵魂的激情》(*Les passions de l'âme*)，§ 79。

并追寻我们的思想的天赋时，优雅的单薄活力将我们转化成一个最高贵意义上的"廷臣"：这体现了一个有成就的人的典范，就像他在文艺复兴时期被造就的那样。让我们回忆一下，查理五世把《廷臣论》当作床头书，就在《圣经》和马基雅维利的《君主论》旁边①。

> 廷臣的动作、姿势、风度，简而言之，他所有的举止，都必须由优雅相伴。在我看来，您将它视作所有东西的调味剂。没有它，所有其他品质将鲜有价值②。

优雅在人与人之间架起了桥梁，并允许他们彼此相投。根除仇恨及其破坏性的暴力，这是一种感觉，而培养它对生活来说至关重要。

---

① 庞斯，为卡斯蒂利奥内《廷臣论》撰写的序言，前揭，第 III 页。

② 卡斯蒂利奥内，前揭，第 51 页。尤其参考布克哈特（J. Burkhardt）的《意大利文艺复兴时期的文化》（*Civilisation de la Renasissance en Italie*），第二册，第五部分，斯密特（H. Schmitt）译，Plon，1958 年，Livre de proche，埃利亚斯（N. Elias），《宫廷社会》（*La Société de cour*），Flammarion，Champs 丛书，2008 年；罗伯特·哈里曼，前揭，第二章："今天的宫廷风度"（*Le style de cour aujourd'hui : de Haïlé Sélassié à Ronald Reagan*）。

结语　从宇宙疗法到教育

　　实际上，这些民族已经习惯了像野兽一样只想到个人的利益，并达到最终的精致享乐，或说得好听一些，是一种骄横，就像野生动物一样，稍有不快，就会勃然大怒，变得凶神恶煞。

维柯①

　　在我们为自己提供的表演中最令人惊讶的，是这并不会让我们感到惊讶。

　　贝特朗·德·茹弗内尔（Bertrand de Jouvenel）②

---

　　①　维柯，《新科学》(Scienza nuova 1730, *La science nouvelle*, 1744)，结论，§1106，庞斯译，Fayard，L'esprit de la cité 丛书，2001年。
　　②　贝特朗·德·茹弗内尔，《论权力》(*Du pouvoir*)，巴黎，Hachette，1972年，第12页。

我们仍然需要研究三个问题。首先，如果美学权力的三个原则的计划、策略和结果明显相互区别，我们可以且必须在什么意义上和在什么程度上选择它们？其次，由于不能独立于历史的沧桑来理解它们的作用，在个人和集体生活的确定时刻，我们可以从它们的至高无上中得到什么后果？最后，在这里以宇宙疗法的名义倡导的美学行动(acte esthétique)的伦理学，为什么且如何与讲授的权力(pouvoir professoral)的伦理学相关？换句话说，我们如何从一种对相异性的展示，并伴随着所有因此产生的风险，过渡到为了传达它们而想要表现和选择最具组织性的、能够激发那些培养我们和使我们有人性的最强烈最有用的元素？

我们从矛盾出发，这种矛盾能够识别既危险又缺少真正重要性的诸种表象。为什么我们要轮流地甚或同时采用两种相互排斥的立场？为了解决这个问题，我们曾试图将陈述(énoncé)戏剧化：因此，如果我们之前讨论"美学权力"，那不仅是要指明一种可认定的现象，而且还是一个设定了目标，安排了策略，并产生特定反应的计划：所以，"权力"不只是一种能力。

权力(pouvoir)和能力(puissance)来自同一个动词 posse：一个是被名词化的不定式，另一个是同样被名词化的现在分词。这些语法形式中的每一种都被认为是"非人格的"，因为它们都忽略了代词或动词的主体;但一个是动词的名词形式,"像抽象名词一样简单地表达动作的观念"[1],而另一个则与动词的形容词形式有关,并沉淀为一种品质。埃米尔·利特雷(Emile Littré)写道[2]:"权力只是简单地标记在行动中;而能力则是持久且连续的。"但是,如果不通过行动,它如何显示自己的潜力呢? 只有权力才能使能力被人们知道,就像只有能力才能使权力有效地表现。机器有的是能力,而人拥有的是权力。正如圣埃克苏佩里(Saint-Exupéry)在1940年退役时所说的那样,如果"在失败中我们总是有过多的手段",那是因为失败意味着在我们仍然持有的工具中储蓄的能力无法兑现。

机器可以具体测量;(但)权力,它不能被把握。权力是一个原则还是一种人格? 我们在谈论(法官、议员或主教等的)席位、保管人、代理人、翻译、受托人的权力。它到底基于什么? 力量、记忆力、创造力、技巧、社交能力……通过什么方法得以保持? 恐惧、认同、赞同,这是让·巴舍勒(Jean Baechler)所做的区分[3]。

---

① 格雷维斯(M. Grévisse),《正确的用法》(Le bon usage),前揭,n°1424。

② 埃米尔·利特雷,《法语语言词典》(Dictionnaire de la langue française),1877,巴黎,Gallimard-Hachette,1971年,"Pouvoir"。

③ 让·巴舍勒,《纯粹权力》(Le pouvoir pur),Calmann-Lévy,1978年,第180页。参见巴尔迪纳·圣吉宏,《要有光:一种崇高哲学》,前揭,第五章,"权力的冒险:摧毁和建立"(Risques du pouvoir : destruction et fondation)。

但是说到"美学权力",我们是否只是把我们在美学价值方面的矛盾心理不必要地复杂化了？"当我们想要弄清一个特征的谜之处时",克里斯蒂安·迈耶提醒说，"一个好方法通常是添加与这个谜同样惊人且与它有关的其他谜。"[1]我们将再次遵循这种哲学上的传统方法来提出以下问题：**为什么我们害怕获得权力，甚至倾向于禁止它，好像满足这种欲望是一种邪恶？**

恶与丑对权力形成双倍威胁：既在行动之前又在其之后。在之前，是因为我们无法控制所有结果，在之后，则是因为好的意图本身是不够的，而且我们对计划的意识被证明是片面和偏心的。本质上，权力既不好也不坏；一个没有危险的权力可能不再是一种真实的权力。但这并不能阻止权力可能值得被称赞，也不能阻止它对自己进行深层的工作，而且尤其是不能妨碍它有效地与其他权力竞争。不论被回避还是被渴望，不论结果是否一致，责任的问题都在那里。

因此，在它们与命运对我们的安置——或多或少紧密——的关系中，让我们试着分析我们选择的可能性。最后，让我们展示经过认真思考而选定的教授身份是如何旨在发展精神生活，开展一种宇宙疗法，并寻求个体与普遍之间更好的平衡。问题在于，通过

---

① 克里斯蒂安·迈耶，前揭，第 31 页。

思考一种更开放的理性,建立一种与经济理性相抗衡的力量。这种理性不仅关乎获利,而且与我们的共同生活有关。

选择的问题:经济或政治?

我们已经知道所有种类的审美技巧,正如一位水管工毫不犹豫地修理水龙头,我们懂得如何通过轻声细语来让紧张的人缓和情绪,让我们尽可能不那么丑以使自己有好的社会形象,或说一些可以帮助他人渡过难关的话。但是,屈从于常规来遵循礼貌的基本法则是一回事,"重新理解"我们真正想做的事是另一回事。我们优先考虑什么呢? 是超出单纯符合习俗的善意,是愉快交往、和谐相处的考虑,还是提出一种让演说不再乏味、思想得以精准表达的尝试? 相反,最让我们感到不适的是什么? 是暴力、不和谐还是平庸?

根据我们的论点,美学权力不只是一些秘诀:它们再现或多或少由主体采用的策略。但我们可以选择一种美学权力而不是另一种吗? 它们与真正的义务相连吗?

让我们从最后一个问题开始,并以优雅为例:优雅是否必然在一个女人身上体现为某种行为? 想象着帕里斯给海伦的信,恳求她嫁给他,奥维德(Ovide)在《女杰书简》(Héroïdes)中提出了这个问题,一个真正的诱惑者设法消除过错的观念,同时保留了唯一的益处："你几乎无法保持纯洁。但当我的特洛伊拥有你时，请保持纯洁；并且，我恳求你，愿我成为你的罪！"但是一个真正的诱惑者做得更多：他将错误（这个不算错误的错误）归咎于像这样的美。

他根本没有承认任何责任，反而以一个年轻女人为推卸理由：是她诱惑了他，是她在他无意识时表现出诱惑的主动原则：帕里斯是她的受害者。无论如何我们不能在指控中走得太远。如果海伦有责任，那也只不过是她内心的单纯。她与诡诈毫无关系！

Ah nimium simplex Helene, ne rustica dicam,

Hanc faciem culpa posse carere putas?

Aut faciem putes, aut sis non dura necesse est:

Lis est cum forma magna pudicitiae.

啊！海伦你太单纯了，虽然谈不上质朴。

你以为你的容貌就没有错吗？

你必须要么改变容颜，要么一定不要固执：

廉耻与外形之间的战斗是激烈的[1]。

---

[1] 奥维德，《女杰书简》，《书信》(Épître)，第十六章，《奥维德全集》(Œuvres complètes)，尼扎尔(Nisard)主编，巴黎，Dubochet，1838 年（译文有改动）。

海伦是"单纯",而不是奸诈。一切都出自大自然之手,她具有我们在贺拉斯和安德烈神父那里遇到的卡莫奈女神们的优雅和质朴。帕里斯为她设下一个陷阱,与《圣经》中的蛇大不相同,他向她暗示她的容貌(*facie*)和外形(*forma*,这个词基本上具有美丽外形的特定含义)与"困苦"不相容。海伦欺骗墨涅拉俄斯(Ménélas)就像夏娃屈服于诱惑者从而欺骗了亚当一样;但是,(世界上)第一个女人(夏娃)与亚当采取了一致行动,而海伦却逃离了她的丈夫;追逐由此开始了。通过给予特洛伊王子那渴望超过一切的、也是众神向他许诺的东西,海伦必须体现美学权力的精确类型,即优雅的类型。但矛盾的是,她至少要负部分责任。

重要的是拷问在我们所体现和展示的美学权力中我们这部分的责任,虽然它非常小。我们能退让多少?能给予多少关爱?行为准则的一般理论很好地确定出答案,使其合乎实际并找到两个极端之间的中间点。但是,在最困难的情况下,你如何找到可靠的方法?方法就在于选择敌人,并决定我们要优先避免的一些危险。没有什么比知道我们不想要什么东西更重要的了;做到这一点比认识到我们真正渴望的东西更重要。这是一个政治策略的问题,而不仅仅是经济问题。

选择美,就是要通过对身体和道德的生活保健、对内心的声音进行培养,逐步地反对畸形和不和谐。选择崇高,就是要通过科学和艺术的深化,通过持久的好胜心,来对抗平庸和卑微。选择优雅,就是要与暴力为敌,通过舞蹈、良好的风度、友善,施展才能让生活变得甜蜜且舒适。然而,除了已指出的敌人之外,还有隐藏的敌人,换句话说,就是与想要达成的品质距离最近的恶:对于美来说是冷酷,对于崇高来说是残暴,对于优雅来说则是矫揉造作。然后,策略改变了;原先是进攻性的,现在变成了防守型。

在关于行为的论述中,美和优雅的定义往往占据舞台中心,却没有造成困境;在关于修辞学的论述中,三方都很有存在感,但并不构成一个三难问题。契合的问题把事情搞乱了;真正的重点在于打动和教导之间,(也就是) *movere* 和 *docere* 之间的交替。然而,如果崇高无可争议地位于**打动**一边,那么将美置于**教导**的庇护之下不算过分吗?

让我们重新组织对类似异议的回应:在朗吉努斯那里,崇高并不与美对立;它只是与中规中矩对立。这是有充分理由的:经过思考的"美"(包含的东西)"比美要多";它不完全是美的。相反,崇高在传统修辞学的三方中与美非常对立,因为第一种风格,即适合教导的风格,其特征是"清晰",也就是一种传统上与美相关的品质;词根 *dok-/dek-* 所表现的东西存在于希腊语 *doxa* 中。它将闪耀的光或"荣耀"(gloire)的观念,与主导意见(opinion dominante)的观念相结合,安德烈神父提出甚至有一种建立在清晰之上的美①!

因此我们意识到,美和崇高的两难困境由**打动**和**教导**的两难困境再现出来。正如西塞罗所指出的,所有危险都聚焦于**打动**和**教导**,始终陷于关于出格和狂妄的指控中:

> 如果只为伟大而生,只为它而训练自己,只进行这种单一的学习而没有通过混合其他两种类型(普通的类型和中等或雅致的[orné]类型)来中和自己丰富的表达法(*copiam*),我们严肃、敏锐、热情的(*gravis*,*acer*,*ardens*)演说家会被完全鄙视(*contemmendus*)。普通的(*summissus*)演说家,因为其讲话技巧娴熟且比较有经验(*acute et veteratorie dicit*),通常被认为是聪慧的;中等的演说家供休闲;(但)这种演说家非常富有表达力。如果没点其他什么,那他几乎不会去劳神。(……)如果演说家在没有让听众做好准备的情况下就开始投掷火焰,那么在有见识的人面前他看起来就像个疯子,或是清醒人群中的一个醉汉②。

---

① 安德烈神父,前揭,第 10 页。
② 西塞罗,《演说家》,99。

西塞罗在这里抨击了虚假的崇高:朗吉努斯后来将对此予以谴责,几乎是逐字逐句地进行批评。虚假的悲怆或暴怒(parenthyrse)是一种"不适当且空洞的激情"涌动,而此时本该有所节制。

的确,我们经常见到一些演说家,他们好像喝醉了一样,让自己被不适合他们的主题,但属于他们自己的激情,也是他们从学校里学到的激情征服:我们不会被他们所说的感动,他们最终也变得讨厌和令人难以忍受。只能说:他们失去了理智,而听他们演讲的人群却没有①。

没有预先的教导,崇高就失去了所有意义。但是这并不妨碍打动在西塞罗那里仍然处于上层。教导相当于传授一个方案:叙述事实并建构攻击或防御;打动在最引人瞩目的方面显示出了真相:触动和动摇的方面。这涉及做出决策。我们在斯多葛主义者、笛卡尔主义者或唯科学主义者当中找到教导的一些坚定拥护者。而且,由于艺术没有某种科学或技术形式的支持就无法发展,肯定还存在一些只打动的先遣者,尽管这个尺度更难把握。真正的分界线在其他地方:它穿越教

---

① 朗吉努斯,《论崇高》,第三章,5。

导和打动这两种相反的观念。

让我们比较一下修辞人文主义取得胜利的两个伟大时代：罗马共和国的终结，即被罗马帝国所取代；文艺复兴的结束，即路德宗教改革给了它决定性打击，并让欧洲陷入火与血之中。当然，西塞罗和伊拉斯谟(Érasme)之间的距离很大，两者既稳健又老练；而雄心勃勃的凯撒、安东尼和屋大维这三位皇帝头衔候选人，以及教皇的竞争对手和上帝在人间的传道人路德或梅兰希顿(Mélanchton)，这些人彼此之间的距离更大。但是，每次分配给教导和打动的角色都是经过仔细考虑的。

让我们从打动入手：虽然暴怒受到一致谴责，但仍然有必要把暴力动摇同柔和讨好、接近劝说的动作区分开。在第二种情况下，将崇高与优雅混淆的诱惑是巨大的。这是 18 世纪的法国在伯克的《关于我们崇高与美观念之根源的哲学探讨》发表之前所做的事情。因此，孟德斯鸠指责一神论抑制了"不只是优雅，还有崇高的多样性"[1]。毫无疑问，他会赞同拉法尔侯爵(Charles Auguste de la Fare)的格言，关于"这种唯一能够制造崇高的愉快"——不管怎样，这都是法国精神一个很好的新创造[2]。然

---

[1]　孟德斯鸠，《我的思想》，1720—1755，第十二章，446，奥斯特(D. Oster)编，巴黎，Seuil，第 902 页。

[2]　安德烈神父在《关于美的论述》中以匿名的方式引用了这句话，前揭，第 156 页，而伏尔泰在他为《俄狄浦斯》写的绪言中明确认定是拉法尔(La Fare)说的。

而，重要的是要区分目的始终是征服和让人屈服的**打动**的严肃，与单纯宜人雅致的演说的柔和。正如西塞罗所说：

> 在广场上或在民事案件中以证明、迷惑、使人让步的方式讲话的人（……）是有说服力的。证明是必要的；迷惑，是吸引力（agrément）；使人让步（fléchir），是胜利：实际上，正是最后这个东西最能赢得人心①。

我们必须区分实干家和哲学家的雄辩术：一个是口述，另一个是手写；一个立即生效，另一个产生长期效果；一个吵闹，接近宣传鼓动（*agit'prop*），而另一个更沙哑。在可以（分别）由智慧的化身、（被称为）世界之光的伊拉斯谟和狂热的路德，或者由更古老的奥德修斯和大埃阿斯②代表的两个极端之间，我们找到了所有的典型例子，尤其是西塞罗的例子。实际上，他的雄辩术是一个哲学家、前执政官、安东尼的敌人、被安东尼下令屠杀的政治家的雄辩术。

此外，我们关注到如今雄辩术倾向于脱离政治领域，像在希腊人那里一样，崇高偏爱的地方之一仍然是剧场：与西塞罗

---

① 西塞罗，《演说家》，69。

② 参见茨威格（S. Zweig），《伊拉斯谟》，埃拉（A. Hella）译，巴黎，Grasset，1935年，Les cahiers rouges 丛书，2003年，第81、105页及以下。

的论点相反①,笑剧演员在我们看来总是似乎比政治家更接近真理:笑剧演员为了虚构而虚构;而这个虚构,因其婉转,在我们看来似乎比直接声称需要讲真话的演说更有能力说出真的东西。

让我们继续讨论**教导**。对于梅兰希顿(路德的门徒和继任者,同时又是西塞罗和伊拉斯谟的仰慕者和专心的读者)而言,教导不再是指导案例,而是传播信仰的伟大真理。梅兰希顿依靠《圣经》和唯一的上帝:他是一个陈述论点的空论家(威滕伯格[Wittenberg]的著名论点)。

西塞罗,不掌握《圣经》也不相信唯一的上帝:他是一位(同时从)正方和反方辩论,即 *in utramque partem*(同时辩论问题的两边)的律师。他熟练地运用普遍论题,遵循原则,并知道"比起考虑对手我们更应该多考虑(辩论的)类型"②。他也支持一些论点,并很好地参考希腊术语 *thesis*,视其为普遍论题(*locus communis*)的一个对等概念;但是对他来说有一个作为乞题(pétition de principe)的论点:为了展现和扩大它,他要求公众予以认可。相反,梅兰希顿要求自己重新建立《圣经》的"唯一意义"以对抗偏离的诠释。结果是,他不再把策略或

---

①　参见本书第 24 页脚注②。
②　西塞罗,《演说家》,45。

调和，而是把演说的经济学及其内在秩序置于最重要的位置。正如戈耶所说①，"经济学取代了策略"。不再只有一种真、一种美、一种善。这些价值不再被谈论。

那么，这种后果十分严重的、从修辞学到经济学的转化是基于什么呢？我们必须回到这些术语的历史中。回到赫尔玛格拉斯（Hermagoras），他将希腊术语 oeconomia（oikos 的意思是房子，nomos 即管理）引入修辞学，来同时指称"判断、划分、次序和所有与发音咬字相关的东西"②。如果经济是关于判断的，那么它必须也与创造有关，正如昆体良在《演说术原理》第六卷中所写的：

> （……）判断是如此紧密固有地联系着创造的所有部分，以至于它不能与句子（sententiis）或单词（verbis）分开：它更多地是通过味道和气味而不是艺术来传递（……）
>
> 在我看来，判断和决策（consilium）之间没有很大区别，只是判断适用于表现出来（ostendibus se rebus）的一些东西，而决策应用于隐藏的、尚未更新或仍有迟疑的一些东西；并且判断经常是确定的（certum），而决策是一种相距甚远的推理（ratio quaedam alte patita），在大多数情况

① 戈耶特，前揭，第445、459页。
② 昆体良，《演说术原理》，第三章，3,9。

下,它会仔细权衡并比较几种要素,并且其本身就包括创造和判断的作用(*judicatio*)①。

为了更清楚,在对采用捷径表示歉意的同时,让我们介绍一下下面的表格:

Docere(教导)	*Movere*(打动)
Judicium(判断)	*Consilium*(计划[projet])
经济	政治
创造的展现	创造
总督	国王、演说家
显现的事物	隐藏的、"相距甚远的"的事物
效能问题	合目的性问题
审美判断理论	美学权力理论
在真空中运作	与外部世界对抗

说到"美学权力",我们朝着审美判断的上游出发,以试图把握安排其施展的计划,也就是**决策**(*consilium*)。一种判断的美学对我们来说是不够的,因为它拒绝看见"隐藏的事物",以至于它忽略了善意、和谐的欲望或者费心的思考,而它们赋予外表以甜美、尊严或庄严。美学品质并非独立于构成它们

_____

① 同上,第六章,5,3。对于这段,戈耶帮助我很多,前揭,第47页以下。

193

的演说类型而发展。如果认识到建立和组织美德的道德演说的重要性,那么把握能赋予美学品质以深度并使其建立在真正的决定之上的诗意演说,也同样重要。

这个决定有三个方面。首先,即使它与简单的琐事有关,它也必须对选择或对一些主导性的规则承担责任。其次,它通过行使来加强,因为任何无法培养的权力都会枯竭或减弱:权力的使命是通过不断自我重新定义来自我利用。最后,问题的症结就在这里,所有权力都随着对其界限——也就是说,安排好的行动的精准边缘——的认知而增强。因此,该决定是消极的也是积极的:它总是要与一个它清楚再现的敌人作战。优雅的主要敌人是暴力;美的主要敌人是不和谐;崇高的主要敌人是平庸。

经济,它不需要任何敌人;它在真空中运作,只寻找效能。因此,它必须服从于一种决定其合目的性的权力。当维希政府的工业生产部长让·比舍洛纳(Jean Bichelonne)在专家治国论下为法国企业罕见增长的生产力而欣喜若狂时,他忘记了德国人是受益者! 头脑只在乎管理的卓越,而忽略了本质的东西:它们的真正动机。若把**决策**与合目的性的思考分开,经济就会盲目运作。但是,**决策**还需要**判断**(*judicium*)及其明智的经济以便自我实现。

如今,**决策**总考虑外部世界和相异性,这难道不虚幻吗?

实际上，我们不是仅根据环境、性格和时代而采取我们能够采用的那些计划吗？简而言之，义务是不是总是或多或少地无法逃避？

不能逃避的义务：海伦有责任吗？

弗洛伊德有一段我尚未提到的文本，它在我的智识生活和个人生活中都起过非常大的作用，因为它用在一种结构中所占据的"位置"的决定性作用将我说服，例如用这种位置去看一个问题，并或多或少地由这个问题根据事件来重建位置。这篇关于《三个匣子的主题》(Le thème des trois coffres)的文章写于1913年。弗洛伊德使用悲剧诗、神话和精神分析的论据来说明，它们通过允许对一种特别光彩夺目的类型进行同样的分析而相互融合，即女性三重奏。我碰巧有一个姐姐和一个妹妹，而我的母亲则是她家三姐妹中年纪最小的。可以说，最小的妹妹使我倍感忧虑。我的母亲太脆弱且优雅，无法真正地展现母性。我的妹妹深情地注视着我，激起了我强烈的保护欲：玛丽-盖艾勒(Marie-Gaëlle)。说到底，弗洛伊德在他的文章里几乎没有提到姐姐们：他专注于最小的妹妹。

弗洛伊德从莎士比亚的两部戏剧开始，"一个令人愉快，而另一个是悲剧"①。前一个涉及《威尼斯商人》(*Le Marchand de Venise*)中鲍西娅对求婚者的选择。赢得其芳心之人拒绝了金匣和银匣,而选择了铅匣:

> *But thou, thou, meager lead,*
> *Which rather threatenest that dost promise aught,*
> *Thy paleness moves me more than eloquence.*
> 但是你,你这朴素的铅,
> 令人看了害怕,而不是给予希望,
> 你的暗淡比花言巧语更能感动我。②

为什么选择铅匣、害怕、暗淡?弗洛伊德把三个匣子与《李尔王》的三个女儿放到一起。考狄利娅(Cordélia)拒绝对姐姐们的爱提出异议。

> *Tell me, my daughters,*

---

① 弗洛伊德,《弗洛伊德全集》(*Gesammelte Werke*),第十册,第24页,伦敦,Imago Publishing,美因河畔法兰克福,Fischer Verlag,1946年,《应用精神分析论文》(*Essai de psychanalyse appliquée*),玛丽·波拿马(Marie Bonaparte)和玛蒂(E. Marty)女士译,Gallimard,1933年。

② 莎士比亚,《威尼斯商人》,第三幕,2,v. 104—106。译文参考了梁实秋中译本和法泽本。

(···) *Which of you shall we say doth love us most* [1].

告诉我,我的女儿们,

(⋯⋯)我们必须评判你们中的哪个最有爱心。

国王又为什么剥夺那个不贪婪的、没有做出任何承诺却转过身去陷入沉默的女儿的继承权呢?她引起的愤怒是否比大埃阿斯的更隐秘、更轻,却同样有效?"你没有意识到我的价值。没关系,但是到最后的最后,你将不得不对此采取行动。"有两种类型的沉默:崇高的和优雅的。一方面,是对荣誉的渴望;另一方面,是对爱、对一种爱的回应的渴望。

李尔王在舞台上将女儿的尸体带到我们眼前。接受另一个他者的逝去,就是理解自己临近死亡和"熟悉死亡的必要性(*sich zu befreunden*)",弗洛伊德评论道[2]。使我们感到不安的图像带来局势的逆转。日耳曼神话中的女武神们把死去的英雄带离战场;这里则相反,即将死去的英雄,没有王国的国王,哭泣的老人,将女儿的尸体抱在怀中:生命铭记死亡,而死亡吸引生命,并最终结束"这个残酷世界的折磨(*the rack of this tough world*)"[3]。

---

① 莎士比亚,《李尔王》,第一幕,v. 49 和 52。

② 弗洛伊德,《弗洛伊德全集》,前揭,第 36 页,译著,第 102 页。

③ 莎士比亚,《李尔王》,第五幕,3,v. 316。

有许多神话、童话和诗歌提到在三个女人中做选择：帕里斯选择阿佛洛狄忒，王子选择灰姑娘，丘比特选择普赛克（Psyché）。每次，比起我们选择的女人，第三个女人更多地代表选择我们的女人：死亡。在帕尔开（Parques）或诺恩（Nones）三女神中，第三位女神阿特洛波斯（Atropos），实际上是切断人类生命线的那一个。"我们是在现实中遵守约束的地方做选择，并且我们选择的不是可怕的东西，而是最美和最渴望的东西。"[1]至于另外两个女神，则代表已逝去生命的母亲和情人。

在莎士比亚那里，几乎没有迹象可以让我们识别姐姐们：黄金和白银是两种贵重金属，一个与太阳和白昼相关，另一个与月亮和夜晚的光芒有关。在希腊神话中，赫拉和雅典娜拥有一些更具典型性的特征。赫拉是众神的统治者：克洛诺斯（Cronos）和瑞亚（Rhéa）的女儿，宙斯的姐妹和妻子。作为婚姻和已婚女人的守护神，她喜欢权势和残忍地报复丈夫不忠的行为。就雅典娜而言，她是墨提斯（*mètis*），即智慧和计谋女神。她直接诞生自宙斯的脑袋，代表着胜利的活力[2]。这为弗洛伊德提供了理由，将第一个姐姐解释为母亲的形象，第二个姐姐则作为情人的形象。但是我们可以进一步灌输赫拉

---

① 弗洛伊德，前揭，译著，第 100 页。

② 奥托（W. Otto），《希腊众神》（*Les dieux de la Grèce*），1929 年，格兰贝尔（C.-N. Grimbert）和莫尔冈（A. Morgant）译，德蒂安尼（M. Détienne）作序，巴黎，Payot et Rivages，1984 年和 1993 年，第 73 页。

代表美和雅典娜象征崇高的观念吗？

赫拉具有孔雀般的属性，她以其虚荣心，或更多的是自信、确信而著称。雅典娜则与猫头鹰、夜莺联系在一起，象征着哲学。她背着长矛和盾牌，是阿瑞斯的情人，是战斗女神。因此，一个更多地处于美这一边，另一个则更多地靠近崇高。此外，猫头鹰会让人想到月光和银子的光亮，而具有一千只眼的孔雀更像是金子和昼间的光耀。留给阿佛洛狄忒还有什么呢？既不是确信，也不是战斗，而是梦。既不是白昼的统治权，也不是皎洁夜晚的统治权，而是梦境的黑暗。

现在我们可以概括一下吗？美总是在崇高之前，而崇高自己又超过优雅？人们几乎不敢肯定这一点，因为在艺术史中早期僵硬且崇高的雕塑预示了一种更柔和且不拘束的艺术，而且多立克式（dorique）建筑诞生于爱奥尼亚艺术（l'art ionien）之前。同样，与崇高有许多相同特质的巴洛克艺术出现在古典美之前或之后。因此，这些位置还远未固定。然而，不可否认的是，存在着一条从独特性到二元和三元的道路：我们从显示出美的自我安宁前往崇高的对抗，并朝向优雅的丰硕。

所以，让我们回到优雅和海伦的例子上来，我们仅从帕里斯的角度分析过她——通过展现这位诱惑者如何巧妙地要求她承担责任。我们现在必须了解相反的立场：一种将其简化为棋盘上简单的棋子，以使其变为海市蜃楼、梦和语言的幻觉的立场。如果说高尔吉亚创作的《海伦颂》(L'Éloge d'Hélène)是"令人惊奇的"文本——就像芭芭拉·卡森(Barbara Cassin)所说的那样，那是因为它打破了"对海伦有罪的认定以达成关于她无罪的共识"[①]："通过这次论说，我消除了一个女人的不良名声"，高尔吉亚说道。是的，但是通过这种方式，他用诗的逻各斯的唯一权力代替了美学权力；真正喜欢海伦的人不会同意这样的简化。荷马，他表现了一个有罪且被安排承担自己过错的海伦：她与让她去安慰帕里斯的阿佛洛狄忒对立，帕里斯勉强逃脱了墨涅拉俄斯的愤怒。在与赫克托尔含糊不清的交谈中，海伦承认自己是一个"不知廉耻的女人"，同时对新伴侣的软弱无能表示遗憾[②]。萨福(Sappho)断言最美的是"我们爱上的事物"(kên'ŏtto tis ératai)，她赞扬海伦偏爱爱情胜于其他情感[③]。而且，当梅菲斯托费勒斯想要强迫浮士德重拾"过往的时刻"时，他并不满足于向他展示海伦的形象，而

---

① 芭芭拉·卡森，《在所有女人身上看到海伦》(Voir Hélène en toute femme)，马蒂厄(M. Mathieu)的画作，巴黎，Les Empêcheurs de tourner en rond，2000年，第78页，亦见《诡辩术效果》(L'effet sophistique)，巴黎，Gallimard，1995年，第141页及以下。

② 荷马，《伊利亚特》，第三和第四卷，弗拉瑟利埃(R. Flacelière)译，巴黎，Gallimard，Pléiade，1955年。

③ 萨福，法文，16，收录于埃娃·玛丽亚·瓦特(Eva Maria Voigt)，《萨福和阿尔凯厄斯：残篇》(Sapphus et Alcaeus. Fragmenta)，阿姆斯特丹，Athenaeum-Polak & Van Gennep，1971年。

是凭借他的魔力强迫他"在所有女人身上都看到海伦"[①],也就是在所有活着的女人身上都能感受到海伦的魅力。

高尔吉亚,他为海伦辩护,但是付出了多少代价呢?她变成了众神掌心里的玩偶,一个可怜的、被邪恶的诱惑者绑架的女人,一颗经受不住野蛮人的花言巧语的心。他忘记了海伦高贵的优雅,它触动了年迈者的心,让特洛伊陷落后的墨涅拉俄斯再次见到她时剑从手中落下?龙萨(Pierre de Ronsard,法国文艺复兴时期诗人)记得它。他更接近荷马:

> 瞧,海伦
>
> 在特洛伊被希腊人的火焰焚毁之后,
>
> 当她用温柔的魅力哄着
>
> 赦免了她的罪孽的丈夫,
>
> 他比以往更迷醉于她的眼睛,
>
> 而这眼神仍闪烁着对帕里斯的爱意[②]。

---

① 歌德,《浮士德》(Faust),第一部,v. 2604,利希滕伯格(H. Lichtenberger)译,巴黎,Aubier-Montaigne,1921 年(?)和芭芭拉·卡森,前揭,第 165页。

② 龙萨,《玛丽的爱情》(Amours de Marie),《献给他的书的哀歌》(Élégie à son livre),由芭芭拉·卡森引用,第 61 页。

在希腊陶罐上重复着一幅令人好笑的图像:是墨涅拉俄斯的形象,"剑已垂下,但剑鞘仍然竖着"[1],他在正逃跑的光彩照人的海伦身后,而海伦的目光转而投向他。

在我看来,我们必须支持关于海伦的三个论点:比起美来说,她更多体现的是优雅;这种优雅是第三个姐妹的那种优雅,并绝对带有可塑性的权力;以及最后,这种优雅的特征是一种固有的双重性,因为它同时是生与死的载体。就如歌德所说,海伦就是优雅本身——那种胜过美的特质。他通过半人马喀戎(Chiron)的声音讲出:

> 女人的美没有任何意义,
>
> 往往只是冰冷的图像(*ein starres Bild*)。
>
> 我只能赞美
>
> 在生命的轻松和欢乐中精神焕发的造物。
>
> 美出现在自给自足的幸福中;
>
> 而优雅(*Anmut*)则使人无法抗拒。
>
> 这就是海伦[2]。

---

[1] 芭芭拉·卡森,前揭,插图七及评论,插图十七。

[2] 歌德,《浮士德》,第二部,前揭,v. 799—7405,译文修改版。

海伦是姐妹中的那第三个。她在三女神中可以替代阿佛洛狄忒;但她之所以能够如此也是因为她的姐姐克吕泰涅斯特拉(Clytemnestre)可以同时算作长女和次女,如果读者至少同意我的推理的话。克吕泰涅斯特拉,事实上最初是亚该亚人无可争议的首领阿伽门农的妻子,在人世间扮演与众神之父宙斯的妻子赫拉相通的角色。但是,当阿伽门农为了自己的荣耀而牺牲自己的女儿伊菲戈涅亚(Iphigenia)时,她变成了另一个女人。从温柔的妻子,从原先美丽又安静的王后,变成了一个寻求报仇的悍妇。克吕泰涅斯特拉竭尽全力展现她的愤怒,并拒绝采纳服从于单一主人的女性行为守则,因此被克利西波斯(Chrysippe,希腊斯多葛学派哲学家)视为其举止与美狄亚无二①。她当然会与埃吉斯托斯(Egisthe)一起欺骗她的丈夫,但她首先是个要伸张正义的人,甚至以犯罪作为代价,因为作为母亲,她的权利受到了嘲讽,她要为此而复仇。

面对两个克吕泰涅斯特拉,而两者都十分典型,海伦采用了最矛盾的外表:忠实的妻子和轻佻的女人;诱惑者

---

① 克利西波斯(Chrysippe),《哲学全集》,巴黎,Les Belles Lettres,2004年。皮若,前揭;皮若,《灵魂的疾病,关于古代医学哲学传统中灵魂与身体之关系的研究》(*La maladie de l'âme*, *Étude sur la relation de l'âme et du corps dans la tradition médio-philosophique antique*),巴黎,Les Belles Lettres,1981年和2006年。

和受害者；无法触及的女神和肉体鲜活的情人。我们可以同意将其简化为偶像、幻象、云；但她同时又是一个最迷人和最不可抗拒的女人。正如欧里庇得斯在其幽默的杰作，即悲剧《海伦》中所展现的那样，只有埃及贞洁且单纯的普罗透斯（Protée）能摆脱爱的诱惑并看守她，而帕里斯却只能抱着她的幻影。埃及国王普罗透斯这个名字的意思是"可塑性"，就像与他同音异义的名字——海神，海豹的守护者。在普罗透斯身上，海伦就像是透过一面镜子注视自己。

但是我们如何避免绝对的、最大化的可塑性变成破坏性并展现其固有的"用塑性炸药炸毁"的权力呢[①]？埃斯库罗斯将海伦的名字（可能对希腊语来说是陌生的）贴近动词 *helein*（即毁灭[②]）以及它的复合词 *helenas*、*helandros* 或 *heleptopolis*。

[①] 参见芭芭拉·卡森，前揭，第 147 页：《我们女人，一种可塑的性别》（Nous, les femmes. Un sexe plastique）和马拉布（C. Malabou）关于塑造性的文字：《黑格尔的未来——塑造性，时间性，辩证法》（*L'Avenir de Hegel-Plasticité，temporalité，dialectique*），巴黎，Vrin，1996 年。

[②] 埃斯库罗斯，《阿伽门农》（*Agamemnon*），v. 689—690；朱弗利（C. Zufferli），《希腊神话的词源地带》（*Dizionario Etimologico della Mitologia Greca*），http：//demgol. units. it/lemma. do？ id = 402。亦见坎普茨（H. von Kamptz），《荷马的人物名称：语言与历史分类》（*Homerische Personennamen. Sprachwissenschaftliche und historische Klassifikation*），Vandenhoeck & Ruprecht，哥廷根，1982 年。

海伦，"舰船、男人和城市的毁灭者！"，《阿伽门农》中的歌队这样称呼她①。建筑的顶点也是摧毁的顶点，两个极端融合在一起。"*Aedificabo et destruam*"，"我来建造，我将摧毁"，这就是僧侣战士蒲鲁东②或年轻的蒙泰朗③的座右铭。但是，比他们更熟练的希腊人知道如何在海伦和特洛伊战争的历史中把爱情的两个最深层方面联系在一起：生育与死亡。产生和激发所有生命的厄洛斯(Éros)也是毁灭它们的人。

即使海伦这个名字从 *helein* 衍生而来这件事并没有让语文学家真正信服，但两个词之间的埃斯库罗斯式的结合还是因此构成了支持弗洛伊德论点的论据：阿佛洛狄忒、海伦、死亡，是强制性的选择，而且我们用最温柔最优雅的特征来装饰它们，以掩饰我们从死亡中唤起的恐惧并使我们适应这个观念。但是问题发生了转移：正如歌德提醒我们的那样，核心不再是被理解为"人性不可抗拒的要求"的"美与道德的和谐"④。这就变成了人类是否有可能赋予自己的生命以一种形式，并与破坏进行斗争。

---

① 朱弗利，前揭。

② Pierre-Joseph Proudhon，法国互惠共生论经济学家，首位自称无政府主义者。——译注

③ Henry de Montherlant，法国散文家、小说家。——译注

④ 歌德，由利希滕伯格(H. Lichtenberger)在他的《第二个浮士德》(*Second Faust*)的前言中引用，前揭，第 XXV 页。

赋予生命以形式:论审美伦理学的伦理颠覆

有好的可塑性,也有坏的:前者保存地位、身份和实体;后者很少被涉及,它触及物质而不仅限于形式;它创造了一个与前者不同的新的存在,既没有关于前者的记忆也没有共享的计划。"物质仍然存在,但形式消失了","物质总是在寻找新的形式"①,这是统治西方传统的实质主义偏见。在一些彼此不同的作者中,像奥维德、阿普列乌斯(Apulée)、格林或卡夫卡,变形更多是为了变形物的存在,而不是让它消失。达芙妮(Daphné)向阿波罗永恒地伸出自己的枝条,而格里高尔仍然是甲虫形式下的格里高尔。

我们拥有的自由很少取决于我们对形式的控制。当然,我们只是部分地掌握了这种显现的权力;但我们可以作出回答,"重新理解","重新决定"。这是在我们大脑允许的情况下,也就是破坏力不会干预以强迫我们放弃我们的形式和忽略它的情况下。正如卡特琳·马拉布(Catherine Malabou)所

①　龙萨,《反对贾斯廷森林的伐木工人》(Contre les bûcherons de la forest de Gastine),《龙萨全集》,Laumonier 编,Paris-Didier,1914—1975,第十八册,第 147 页。参见米歇尔·让纳列(Michel Jeanneret),《永动机》(Perpetuum mobile),巴黎,Macula,1997 年。

指出的,冷漠不是简单的否认(*Verneinung*)[①]。疾病感缺失(anosognosie,对疾病无意识)绝不是通往真相的途径,区别于那种总是伴随着一种承认,包含着一种希望,以及指出一种自我作用的否认:"这不是我的母亲"可以表示"这不是我的母亲,因为我相信我认识她;但她仍然与我的母亲有关系"。否认表示寻觅的前景;在疾病感缺失中,一切都不是这样:同一存在的不同方面中会有一些跌落到另一些之外,且毫无将它们协调和连接到一起的可能性。

如果我们从斯宾诺莎那里借来题铭做本书的名字,毫无疑问是因为,他是哲学史上第一个把身份和形式、身体的显现,而不是维持原状、在表象背后不变的实体,紧密联系在一起的人。我们的身份是波动的,因为它基于我们身体的表象和我们拥有它的方式。

> 构成精神本质的首先不是别的,正是一个以行为为存在的身体的观念[②]。

---

① 卡特琳·马拉布,《意外的本体论——论摧毁性的塑造性》(*Ontologie de l'accident-Essai sur la plasticité destructrice*),巴黎,Léo Scheer,2009 年,第 80 页及以下。

② 斯宾诺莎,《伦理学》(*Éthique*),第三部分, Prop. II, démonstration, 译文有改动,夏尔·阿普恩(Charles Appuhn)译,巴黎,Garnier,1953 年。

斯宾诺莎彻底地思考情感的变幻莫测及其对主体精神活动的影响。精神表象的起伏与身体表象的起伏如此紧密地对应，以至于后者的中断能够导致前者的中断。因此斯宾诺莎甚至考虑了在偶然事件的影响下形式身份与实体身份同时丧失的可能性：

> 因为有时候一个人会发生一些变化，以至于我可能会非常犹豫地认为他还是同一个人①。

因此，他预见了脑病变科学，按照达马西奥（Damasio）②的说法，他配得上"原始生物学家"的称谓。我的目的不是要研究同一类型的现象：仅是要查明自由那惊人的边际，在依赖它们的情况下，我们能够赋予我们的生命以形式。

问题不在于要制造一个独特且固定的图像，就像让-吕克·马里翁③斥责的虚假的智慧想要成为的样子，而是相反，是指引我们显现，给予它连贯性和宽厚，对它流露出属于我们的小善意。疾病感缺失一直威胁着我们：不再仅仅是我们对

---

① 同上，第四部分，Prop. XXXIX，页旁注释。

② 达马西奥（A. R. Damasio），《斯宾诺莎对了》（*Spinoza avait raison*），2003 年，菲德尔（J.-L. Fidel）译，Odile Jacob，2003 年，第 201 页。

③ 让-吕克·马里翁，前揭，第 95 页。

肉体疼痛的无知，还有对精神疼痛、灵魂疾病的无知，使我们把存在的不同时刻并置起来，不关心连续性，不考虑过去，不展望未来，忘记了我们已经或应该履行的责任。

我们的美学权力在于制造和安置一个不仅与我们本身的样子而且还与我们渴望成为的样子相符合的显现。谈及美学权力，就是要把美学问题和**决策**（*consilium*）问题紧密联系起来，也就是策略性智慧或计划，并且以此来触及政治和伦理。因为这些领域不是分开的。为什么我们说某些举止、某些行为、某些演说使我们感到"恶心"？因为我们不仅嫌弃它们的外表，还排斥它们所依据的选择。如果我们深思熟虑，（就会知道）这些主要取决于对自我利益的排他性偏好，即一种非被动而是主动的偏好；并非偶发的，而是根深蒂固的；并非一时冲动，而是协调过的。这损害了对他人、社区、世界的真正关注。自福柯①使用"关怀自身"（souci de soi）这个表达以来，它一直很成功，被认为是独特的格言，但在我看来，它模棱两可。实际上，17世纪末的道德主义者们的重要告诫引起了我们的关注——有必要识别出一种排他性自爱的压迫，以及要学会如果不能摧毁它们，至少是转化它们。

诸如轻视、怯懦、嫉妒之类的情感，源于以牺牲他者和世

---

① 福柯，《性史》，III，前揭。

界为代价来扩大自我的持续作用。因为自爱不仅是对自己的爱,而且还是"为自己爱万物";反复无常、心血来潮,"他只在乎"万物为己的状态,并且以此为代价甚至同意成为他的敌人,就像拉罗什富科(François de La Rochefoucauld,法国箴言作家)所写的那样[1]。

轻视、怯懦、嫉妒或多或少是我们本性的一部分,也是由于环境而造成的,尽管程度不同。但是我们有责任识别它们,减少它们的表达并逐步与之抗争。美学本身因此建立了一些我们划归为伦理学的原则:我们也许可以谈论"审美伦理学"(esth-éthique[2]),以便从一种图形的角度来展示两者(美学和伦理学)之间的惊人融合,即它们的 *conflatio*(灵感的结合)。我越对美及其和谐有感觉,就越会与不和谐作斗争,而我们表现出来的冷漠和轻视在我看来就越没有道理,因为美的化身预示着一种高等的美,并带我超越自私的纷扰。我越赞美崇高并与自己的平庸作斗争,就越不会感到怯懦,因为人类的人性在于超越自身。我越欣赏优雅并试图压制暴力,嫉妒对我

---

① 拉罗什富科,《箴言集》(*Maximes*),n°105,《拉罗什富科全集》,康德斯(R. Kanters)和马尔尚(J. Marchand)编纂,巴黎,Gallimard,Pléiade,1964年,第318页。

② 即在读"美学"这个词时中间停顿一下;esthétique 由此被分为两部分,"esth"和"étique",前者保持美学愿意,后者近似伦理学"éthique"的拼写。——译注

而言就越应受谴责,因为没有什么比宽容更能将我们从不可抗拒的冲动中带离。

让我们提出两种反对这里所辩护的论点的主要意见:首先,对"美学敌人"的识别,乃至仔细且加强的识别,是否足以将美学转化为伦理学并建立审美伦理学? 其次,并且尤其是,一个敌人的选择如何会与其他敌人相排斥? 简言之,美学三难困境如何意味着伦理三难问题?

让我们回到我们曾提到过的普罗塔哥拉的神话[1]。是什么让我们有可能生活在一起? 建立人际主动关怀的廉耻或尊重属于优雅的一面;但公正是哪一面呢? 它可以被视为一套和谐的法则,也可以被视为立法者或多或少的精妙安排。一边是美,另一边则是崇高。我们也要重新讨论康德的绝对律令(impératif catégorique)的三种表达法:如果意志渴望自我决定,那么它仍然同时受到非正常态的制约,但是以三种不同的方式:相对于自己、他人和世界。

根据可以同时充当普世规则的准则行事。

根据这样一种方式行事,使你从人性出发来对待自己和他人,

---

① 柏拉图,《普罗塔哥拉篇》,322c,参见本书第150页脚注②。

将其同时视为一种目的,而绝不是简单地当作一种手段。

根据同时可被当作与自然普世法则一样的准则来行事①。

这三个时刻与可以建立一个行动理论的那些时刻相对应,正如贝特朗·圣瑟尔南(Bertrand Saint-Sernin)②所表明的那样:孤立决定、发现**另一个自我**(*alter ego*)和社交世界,以及相信有可能在牛顿物理法则支配的自然中纳入自由。但是它们也符合我们的三个美学原则:被一致化的主体阶段,战斗和竞争的阶段,优雅的阶段。当然,道德是通向普世性的道路,但是这种普世性的定义仍然非常挑剔。真实的问题,即我们能在审美伦理学内规范的问题,是超越自我利益的提升。

但是,我们提出了第二个反对意见,该反对意见涉及本书的论点是最激烈的:不仅是两难问题,还是一个美学三难问题。对恶习的容忍根据我们确定的目标而有所不同。凡是追求崇高的人当然都认为蔑视和嫉妒是应受到谴责的;但是他可以成功地赋予蔑视一种暂时的认识论价值,并取笑嫉妒,因

① 康德,《道德形而上学原理》(*Fondements de la métaphysique des mœurs*),第二章,德尔博斯(V. Delbos)译,见《康德全集》,第二册,巴黎,Gallimard,Pléiade,1985 年,第 285、295、304—305 页。

② 《动作的诞生与统一》(*Genèse et unité de l'action*),巴黎,Vrin,1989 年,第 163—175 页。

为相信这样做比怜悯更好。同样，那些首先寻找美的人会理解某种怯懦的必要性，并因对他自己太确信而感觉易受到嫉妒的伤害。最后，追求优雅理想的人发现他被蔑视自己的人误解而不会感到气愤；比起嫉妒夺走期望的回报，他更不能容忍他所嘲笑的怯懦。每种类型的美学权力都打破了三个被责骂的循环中的一个，并给出一条出路：崇高指责侵略性的平庸，美指责平均主义的蔑视，优雅指责惯于否定的嫉妒。

皮埃尔·考夫曼（Pierre Kufmann）指出，美学权力的三个原则在革命的、保守的和改良的三种政治权力中都可以重新找到①。崇高的英雄气概倾向于创造一种革命派风格；美的光辉传递保守主义的品味；优雅的宽容则倾向于在众所周知的改良主义中维持共识。

然而，由于本书作者不只是一名教授，还是一位散文家，所以作为结论，我想解释我所理解的讲授的权力（pouvoir professoral）的内在美学，以及它与宇宙疗法的联系。

美学权力和讲授的权力

我们的美学三难困境也适用于教师：当一门课是平衡的、

---

① 皮埃尔·考夫曼，《政治学的无意识》（*L'Inconscient du politique*），P. U. F.，1979 年，Vrin，1988 年。

和谐的、自给自足的，并且当它完美地体现了它的目的时，它是美的；当它重新提出问题，并开辟了深刻且出乎意料的视野时，它变得崇高；最后，当它迎合听众并考虑他们的问题，且不管这些问题是否表达明确，它都是在用优雅去诱惑。讲授，总是要通过学分来引起一种"转移"，引导学生们的学习方向，而这种学分不仅带给他们负担和纪律，还是他们升级所必需的至关重要的选择。因此，当一位教授偏爱美的稳定时，知识的威严和神圣体现在他的人格上，同时引起令人赞美的共识。如果他现在正朝着崇高的方向迈进，思考行为的庄严，其不寻常和令人不安的特征起初可以打动别人，但也会令人生疑，与此同时它将激发与人类的伟人们竞争的好胜欲望。如果他最终选择了优雅的方式，他的学生因为他知道如何将知识变得有吸引力而在内心里感谢他；但他的权力将只会在很有限的范围内显现。

即使在理想情况下，这三种专业的教学方法应相互补充并根据情况来采用，事实仍然是，从根本上选择一个就会损害另外两者。并非全部都兼容：没有任何权力能在没有意识到它的局限性和认识到它的优越性的情况下真正地发展。选择美的控制力和确定性，就是确保拥有明确的主导地位。选择认真思考，并伴随着它所允许的失败和错误，就是要热忱地生活并有时成功地唤起一种极有上升势头的热情。最后，选择

214

使他人的生活和学习更舒适和轻松,就是获得他们深表感谢的评价。

因此,从我们的三难困境出发,让我们试着看看是否可以更好地定义讲授的权力。"讲授"不只是证明:它要求接受讲授的职责。同样,它不仅仅处理精神事物,并且属于知识分子阶级:它要履行的功能由国家加以制度化并且是有偿的。最后,讲授不只是教导(enseigner)(来自民间拉丁语 *insignare*,而它又来自 *insignire*,被解释为手势①)或者 *decere*,即让人学习,使人变得有学问;即使是讲授,但其实也总是"释放"(*deliberare*)教诲,减少一些无知,摆脱约束以了解它。

错误在于将教导(*docere*)的所有形式都置于同一方案中,并低估了讲授者的责任。*Pro-fateri*(其中 *pro* 的意思是之前,而 *fateri* 意思是承认、认可)就是证明,大声且清楚地公开立场。这样做的前提,是必须具备从现在巨量且不可控的大众中提取出最活跃最专注的那些人的才能。这就需要一种精心思量过的契约形式,不是为了一个党派或政治潮流服务,而是有利于精神生活和纯粹属于人类的才能的发展,简而言之,就是所谓的灵魂修养(*cultura animi*)。实际上,我们需要一种灵魂的修养,正如我们也需要田野的培育,即农业,或者身体的

---

① 参见《法语语言历史词典》(*Dictionnaire historique de la langue française*),巴黎,Le Robert,1992 年,词条"Enseigner"。

培养,即健身。

讲授的权力是在封闭的场所内行使的:广义上的学校,或者大学。正如亚里士多德提醒我们的那样[①],*scholè* 是一个享有高尚的消遣、修养德性的地方,它与劳作相反,因为它是必不可少的。为了使感性、想象力、理智得以发展,我们需要一个反世界,它兑现了一个封闭的虚拟空间。学校和大学允许把日常、普通的世界和一个超日常、不普通的世界分隔开来,后者能够让我们从前面那个世界退出并让我们感到惊异。大学的精髓是研究室(cabinet d'étude),就如马基雅维利给维托里(Francesco Vettori,1513 年)的那封信里所述:

> 傍晚时分,我回到住处。我进入我的工作室,一跨入门槛,我便脱掉平时身上满是泥浆的旧衣服,穿上皇家宫廷和主教的服装;如此体面地着装后,我进入古代人的古代宫廷。在他们的亲切欢迎下,我用尤其属于我自己的、我为此而生的精神食粮来满足自己。我自豪地与他们交谈,询问他们行为的动机,而他们,依照他们的人性,回答了我[②]。

---

① 亚里士多德,《政治学》(*Politique*),第八卷,2。

② 马基雅维利,《马基雅维利全集》,巴兰库(E. Baringou)编,巴黎,Gallimard,Pléiade,第 1436 页。

通过与马基雅维利哀叹"发霉"的"肮脏东西"对比,工作室的审美伦理学权力成为必要。这是身体的洁净和衣服的美,这是过往最高级别的朝臣所采用的,是精神上的滋养和真实的交流:因而,人进入了众神的议会。仍然需要解读这段文字,以和罗贝尔·达米安(Robert Damien)一起认识"如何在约定下表达请愿宣言":马基雅维利"将自己与对祖先的信仰和对优雅的崇拜都分离开"①。既不从属于血统,也不实行过去的优雅,人们因此将无法经常接触过往的伟大天才:图书馆是为我们提供这种可能性的唯一存在。真正的民主在其中找到了可能的条件:图书馆的知识是"智慧"(les lumières,或译为学问),而不是"真理"(La Lumière)。

只是,鉴于互联网上可用的数据和图书馆的扩张,我们该如何调整方向?我们需要一些通过教我们学习并建议我们阅读什么内容、采取何种顺序、使用什么样的工具来引导我们的启蒙者。在"教育"(éducation)一词中,就可以找到 ducere(即引导)和 dux(即导师)的概念。但是我们必须小心,不要完全混淆:在知识、批判精神和创造的交汇处,教授进行"引导"时所处的世界是一个理想世界。这是伟大天才们的世界,与他们经常接触可以更快地成为他们。

---

① 罗贝尔·达米安,《从马基雅维利至今的君主顾问》(*Le conseiller du prince de Machiavel à nos jours*),巴黎,P.U.F.,2003 年,第 31—32 页。

那么，讲授者的审美伦理学权力会是君王顾问的权力吗？实际上，顾问的哲学问题对政治实践具有决定性作用，并尤其构成民主的问题：因此，没有什么比像罗贝尔·达米安所做的那样——强调"隐蔽的范式"（paradigme souterrain）更有趣的了[1]。由于柏拉图想成为西西里僭主狄奥尼修斯的顾问却失败，讲授者们——尤其是哲学家们——遭受着"叙拉古情结"（complexe de Syracuse）的折磨。但是，讲授者们被接纳为伟人们的顾问后，必然在政治策略中发挥作用：不是他们自己定义的位置，而是由"明智的"君王、接受观点的人给予他们的位置。他们的权力无疑主要是形式上的，但仍然是必不可少的。

这种权力是宇宙疗法的权力，其工具是一种被同时定义为灵魂修养、使精神力得以发展的培养；就像一种共享文化，一种"我们思考"（cogitamus，即作为一个群体共同思考）；并作为开放的、非排他性的、非蔑视的培养。真正的培养必须通过触发创造性冲动和更新"（新思想）显露的有益经验"促进一种"生命的充实"[2]。然后，它必须收集、整合并面对分散、混杂的实体，以构想它们可能的联结并重新建构真实的"面貌"。

---

① 同上，第 12 页。
② 巴什拉，《空间的诗意》（*La poétique de l'espace*），巴黎，P. U. F.，1972年，第 10 页。

因此,文艺复兴时期的合法观点并不能被简单地理解为个人的和不完全的视角的指定;考虑到我们可以对它采取的不同观点,它建立了世界本真的一面。因为它试图要解决的问题和我们必须始终抨击的问题都是"公共空间的可靠性"①的问题。最后,即便说培养最重要的是博学,但它也仍然不应该对他人有任何蔑视;我们必须记住人文主义的"悲剧性错误",正如斯蒂芬·茨威格(Stefan Zweig)谴责的那样:

> 恰恰是人文主义者对人民的态度,他们对现实的漠不关心,从一开始就让他们的帝国失去了任何持久存在的可能性,并且使他们的思想失去了行动力;他们的错误,是想居高临下地教育民众,而不是试图了解他们和向他们学习②。

詹巴蒂斯塔·维柯没有犯这个错误,他在1730年就知道要谴责所谓的"反思的野蛮":一种不是像感官的野蛮那样的、在人性黎明时分诞生的野蛮,而是出现在人性的最终阶段的

---

① 弗莱舍(C. Flécheux),《地平线——大地艺术的透视的专论》(*L'Horizon-Des traités de perspective au Land Art*),雷恩大学出版社,2009年,第288页。

② 茨威格,前揭,第98页。

反思,当它否认其真正的美学权力,并因不受约束的自私和怀疑而自我毁灭之时[①]。

最后,讲授者既不是文化的看门狗,也不是它天真的仆人。他们首先要接受环境改变的考验,以便重新勾画框架,掌握连贯性,确定精准用词,弄清喧闹和难以忍受之处。如果成功了,那是因为他们处在恰当的"位置"上:不是在城市中,也不是在当务之急中,而是在一个他和他的学生们建立的封闭的、边缘的地方。他们在那里思考永恒的知识,这些知识正在被创造、积累、传播和运用:这是我们必须了解的一种知识,以获得一些空间,培养我们的创造力。在这种情况下,我们设法更好地理解和运用我们的美学权力,而不是在不知情的情况下展现它们或使它们丧失任何文明的光彩,沦落到只为自我服务。

---

① 维柯,前揭,§1106。

美学权力三原则表

	美(BEAU) (名词化形容词)	崇高(SUBLIME) (名词化形容词)	优雅(GRÂCE) (名词)
	希腊语:*kalon* 拉丁语:*pulchri-* *tudo / forma* (名词)	*Hupsos*(名词) *sublimis*(仅为形容词)	*charis* *venustas*
	英语:*beautiful* 意大利语:*bello* 德语:*Schöne*	*sublime* *sublime* *Erhabene / Sub-lime*	*grace* *leggiadria / sprezzw-tura / grazia* *Gnade / Grazie / Anmut*
A. 原则 1. 效率原则	**取悦** **教导** (*docere*) 开导	**启发** **打动** (*movere*) 征服	**魅惑** **调和** (*conciliare*) 劝说

2.有效品质	尊严(*dignitas*) 形式 美靠自身存在 自主的表象 华贵的价值: 和谐、共鸣	严肃(*gravitas*) 思想 崇高震惊和剥夺 创造的表象 天赋的价值: 可怕的与令人兴 奋的(令人生畏 的)东西的结合	甜美(*suavitas*) 风度 优雅给予和接受 交流的表象 文明的价值: 1.光辉(*Aglaé*) 2.柔和的(*Eu-phrosyne*) 3.讨喜的、有趣的 (*Thalie*)
3.反义词	变形 奇形怪状、畸形、 不和谐的	平庸 令人沮丧的、令人 陷入困境的、不能 升华的丑	暴力 令人厌恶的丑
4.有缺陷的 形式	冷漠的、抽象的、 空洞的	非人类的、怪物 般的	矫揉造作、虚伪的、 怪诞的
5.数字	一=孤独、自给 自足的原则("哀 悼的静止特征") →确定性	二=与他者对抗 的原则 →战斗	三=回归到"一"的 原则(封闭的圆)或 系列的原则(法兰 多拉舞曲) →梦

B. 策略			
6. 掩盖自身的策略	收敛 (理念的可见性)	激烈 (*pathos*, *furor*)	颤动 (*èthos*, *mores*)
7. 创造性策略	模仿 (追求完美模型) →保守的风格	创造 (好胜心、突然侵入的必要新) →革命的风格	使适应 (搜集迷人的特征) →改良的风格
8. 要求的才能	精明、从容 =使用通常都会悦人的手段	果敢 =挑选不悦人媒介	审慎、机敏 =对既定状况下令人愉悦的事物的把握
9. 优先展现	上帝、整个宇宙	1) 演说(古代) 2) 艺术(文艺复兴时期) 3) 风景(17世纪)	1) 演说、艺术、人类(古代) 2) 风景(文艺复兴时期)
10. 与规则和准则的关系	准则的优先体现	颠覆(巨大、丑、晦涩)	与比例和规则保持距离
11. 与社会准则的关系	准则的至高无上、有时构成问题的程度	颠覆(激情的风险)	对准则泰然处之：存在的姿态

12. 时间性	趋向静态 →永恒的此刻、超时间性	吸引人的活力 →未来的辉煌过去、精神生命力（aiôn）	轻盈的运动、节奏（tempo） →即刻的此刻
C. 与接受者的关系	**沉思**	**激励**	**参与**
13. 经验的形式	评定、研究	激发	恩惠、慷慨
14. 爱慕的模式	→批评的品味	→责任	→倾慕的品味
15. 再现的风险	可能的再现、但非必要 →方法的分析	强制的再现 →新的苛求	一种"我不知道是什么"的瞬间再现 →偷偷地捕捉征象
16. 招致的风险	被动的诱惑（命运的力量）	训练（逻各斯的力量）	积极的诱惑（引诱的力量）
17. 证明	**赞美** 转化成明星 →漠不关心、轻视	**惊讶** 转化为天才 →恐吓、卑劣	**爱** 转化为奉承者 →令人不快、嫉妒

译后记

  思想沉默,偶像幻影不断轰炸。20 世纪由于现代媒介的无限复制技术和快速传播的出现,而产生了图像的拥堵和感官的喧嚣,美学的泛滥和沦落并存。漫长的理性主义哲学传统在遭遇现代美学的泛滥和轰炸时却拒绝了解这个让人迷惑和骚动的美学权力。在时代感受日趋板块化的状况下,这个拒绝的姿态恰恰是一种思想无力和语言贫乏的表现。当思考本身充满了挫折感时,巴尔迪纳·圣吉宏透露出对哲学何去何从的质疑与悲凉,带着精英主义的乡愁走向另一种策略——肯定"美学价值"并构建一种"概念的美学"。

  《美学权力》(*Le pouvoir esthétique*)是巴尔迪纳·圣吉宏继《美学行动》(*L'acte esthétique*)之后出版的又一本关于美学的专著。该书出版于 2009 年,亦即《美学行动》出版后的第二年。在哲学家从认识论和形而上学等不同面向对"美学"进行理论奠基时,作者看到了"接受理论"或者"艺术理论"的困境,指出纯粹理论化的不足,对抵制"美学"彻底抽象化做出了努力。在《美学行动》里,美学主体并不是作为某种现代意义上的观众,沉默的被动的感性的接受主体,而是作为"行动者"进入作者的研究视野。"美学行动"将主体从简单的现实中剥离出来,回归人类的责任,既是旨在实现的行动,也是危险的旨在颠覆的行动。《美学权力》的作者更直接地面对这一作为行动力量的"源泉",即作为内在于感性与情感肌理的、自然的、独立的第一权力的美学。作者立足于由朗吉努斯、亚里士多德、霍布斯、伯克、鲍姆加登和康德等西方哲学家奠基的美学传统之上,重构了"美学权力"的谱系(美/崇高/优雅;取悦/启发灵感/魅惑)。美学权力既是表达的能力,也是接受的能力,既是感知的能力,也是感性呈现的能力。巴尔迪纳·圣吉宏见证了现代文明的时代病症,看到了视觉艺术深陷消费主义的泥淖而不能自拔,却始终保持乐观主义态度,并严肃地把图像艺术作为一种凝视的艺术而寻求当代美学困境的出路。图像并非作为权力的工具,它是自主的产生晕眩的力量本身,并通过媒体传播和政治表演介入当下的伦理生活和政治生活,作为"意识形态"使得权力成为了魅力,并构建和呈现最现代的感性世界。美学从视觉和听觉上实现对我们的影响,甚至控制。这是作者提出"美学权力"的动机,即揭示美学的根本问题不仅仅是思想与表达、创作与接受的关系,也是权力、行动和 *consilium*（决策）的问题。

在《美学权力》里,作者巴尔迪纳·圣吉宏延续了她一如既往较为激进的美学风格,希望从"美学权力"的内部言说,从思想的沉默里言说,从而构建一种有批判意义的"概念的美学",作为 *consilium*（决策）的理论、行动的理论,以确定美学与伦理生活和政治生活的直接关联,并不断完善美学行动的主体作为参与者身份的要求。这是美学能够成为生活的有效力量而不是某种外部意志操控的根本。作者在这里所关注的重点,不仅仅是感性的创造力量,也是美学介入权力和公共领域的能力,或者说感受力和审美经验介入"决策"并恢复人们行动的自由。美学作为一种从感性本身出发所产生的力量,因其自身的认知能力而向人们提供生活形式的具体路径,让人们重归实存。

作者对美和崇高的词源学考察追溯至其在希腊文明中的"显现",并将哲学思考集中在崇高作为一种独特的美学经验在 18 世纪伴随美学的诞生而兴起的重要性,也就是说,崇高并非作为美最完美或最高级形式而在哲学史中出现。相较于历史上那些曾为美与崇高两个概念的阐述做出过杰出贡献的哲学家们,她更在意的不是两者在形而上观念上的区分,而是在经验的原始状态中就已出现分道扬镳的蛛丝马迹,这让我们有可能意识到,它们并非客观存在,而应被视为作用在我们身上的一种力量和效果。巴尔迪纳·圣吉宏在她的第一本书《要有光:一种崇高哲学》(*Fiat lux : une philosophie du sublime*,1992)中已经开始对崇高和美进行严格的区分。受到以伯克为代表的英国经验主义美学和以弗洛伊德、拉康为代表的精神分析美学的影响,她对崇高和美的区分始于经验性的心理学层面:崇高与可怖、恐惧等心理经验相关,崇高感只有在生命受到恐惧的威胁,个体感受到存在的痛苦时才产生。主体和实际的危险保持了一定的距离,它没有成为恐吓和暴力真正的"受害者";相反,恐惧激发了主体自我保存和自我防卫的激情,迫使主体实施强制性的力量来超越自我。因而,恐惧战栗在危险、恐怖和痛苦的边缘变成愉悦和胜利感。与此同时,恐惧可怖被规定为"去实体化"的崇高哲学的原则。

另一方面,作者回归朗吉努斯在《论崇高》中从诗学修辞的角度来重新赋予崇高作为"精神的伟大所带来的回声"的至高无上的价值,并把作为"内在的视觉"的想象(phantasiai)重新界定为诗人和演说家使用语词来呈现灵魂内在图像的能力。在崇高哲学的视域下,天才、想象与激情本身带着卓越的理念,让创作主体和接受主体自我超越并上升,在崇高中神驰物外,催生话语的呈现和在场。康德《判断力批判》里的官能理论和超验形而上学为崇高美学提供了认识论层面的辩护：想象力在理性的要求之下统摄直观表象，即使想象力尽其全力也无法抵达直观现象之本体，但它向感性统摄最大值的努力本身却体现了想象力与知性的自由和谐，符合理性的目的。从某种程度上来说，先验论使得崇高美学真正成为具有普遍性的一门独立的科学。

在这个理论构架之上，作者思考了崇高、美和优雅三者的关系，以及崇高的风格、美的风格和优雅的风格等一系列问题，将传统的美和崇高的两难问题转化为美、崇高和优雅的"三难困境"，实际上建构了一个关于"美学权力"的三元化理论。美、崇高和优雅是美学权力的三个原则：美取悦，崇高启发灵感，而优雅魅惑打动我们。与之相应的三个创造性策略是：模仿、创造和适应。作为三种"权力"，它们有着各自的局限性，并且其中一方的弊端可以与另外两种权力和谐共存。审美三难，实则是政治和伦理行动中的策略选择问题。"美学权力"这一想法的提出，提醒我们日常的政治和经济生活中存在着无处不在的对抗，并向我们提议在面对这些不同状况的交锋时如何选择相应的策略。

美作为一种内在的修养，抵抗畸形与不和谐。从风格上来看，崇高毫无疑问是最为激进的美学风格，崇高对抗平庸和卑微，与崇高哲学一同流露出来的，是一种介入存在的行动主义的美学态度。崇高对抗平庸和卑微。作者引入优雅来对抗崇高有可能带来的暴力和迷狂的风险，从而构建多元化的美学三重奏。在作者看来，优雅是更人性化的权力，这正是当下西方社会最需要的。因其联合能力，"优雅在人与人之间架起了桥梁，并允许他们彼此相投。根除仇恨及其破坏性的暴力，这是一种感觉，而培养它对生活来说至关重要"。这充分地显示了巴尔迪纳·圣吉宏作为知识分子的人道主义情怀。因而，美学权力不必然是不正当的操控，作为一种宇宙疗法，把"我们暴露于宇宙之中，让宇宙在我们身上产生回响，这是我们理解它的最好方式之一，我们来源于此，我们属于此，我们也将消逝于此"。

从某种意义上来说，巴尔迪纳·圣吉宏具有某种时代的敏感性。与皮埃尔·阿多和福柯一样，她的美学思想代表了向哲学与行为合二为一传统回归的一种潮流。20世纪的政治、种族和社会形态的巨变，以及媒体技术的发展都毫无疑问地对这一回归产生了巨大的影响。尤其是当下的我们正置身于法国学者居伊·德波所说的《景观社会》里，影视图像、互联网、传统媒体或新媒体共同建构了一个光怪陆离、同义反复、重复堆积、无所不在的普遍的世界表演景观。现代政治生活和社会生活附着于这一美学体验。影像的泛滥和拥堵遮掩了自觉的、凸现差异的个体意识的表达和本真存在，被动的接受成为了一种最普遍的生存状态。视觉美学的日趋喧嚣反而带来了自我的涣散、平庸、迟钝乃至麻木,成为现代诗人的一种生存困境,而对于接受了世俗化和现代化之后的资产阶级而言也徒增荒诞感和虚幻感。这是巴尔迪纳·圣吉宏这样的西方知识分子的基本语境,也是行动的美学要面对的主要问题,美学的主体作为思考和行动的主体需要对个体的意义进行探寻,并赋予生存意义。

对于译者来说,翻译巴尔迪纳·圣吉宏并不轻松。她的文风繁冗迂回,极少进行抽丝剥茧、层层渐入的论证,尤其喜欢借助强烈的情绪对照为她的文字笼上一层"权力"的光晕。她善于从一种现实生活中最强烈的情绪或情势里抽取暴烈而戏剧化的表达,借助于其所仰慕作者的权威力量让语词"崇高",让它凌驾于实在和读者。因此,译者在大多数情况下倾向直译,也相对地保留了一些较长的欧式句子,希望可以在一定程度上呈现作者在写作时内心的激烈情绪、矛盾的冲突以及对崇高的向往。

假若如作者所说,恐惧和痛苦的原则远比快乐的原则更加深刻有力,那么它所催生的书写很有可能热衷于创作一个暴力的、令人恐惧的、正在毁坏的世界,而人类的温柔与爱将永远地被遗忘或牺牲于死荫的幽谷。

巴尔迪纳·圣吉宏的思想深受精神分析、存在主义和现象学等思潮影响,理解作者需要梳理更多的西方哲学传统的思维构架、辩证关系和回归错综复杂的历史语境和创作氛围。思想史和语境涉及不仅作为知识分子也作为独特个体的巴尔迪纳·圣吉宏与西方社会的基本意识形态、审美经验和社会生活的诸多问题。当然,作为中国读者,我们可以把作者的思想仅仅当成一家之言,也完全可以有自己的阅读角度。我们从《诗大序》开始就有了属于我们自己的历史悠久的美学传统和诗学传统,在漫长的美学实践和诗学实践里我们也积累了完全异于西方美学传统的审美经验,而这些丰富的文化遗产还有待于我们在当下的理论写作和实践中进行新的发掘、阐释和创作。

译者

2022 年 7 月

"轻与重"文丛(已出)

图书在版编目(CIP)数据

美学权力/(法)巴尔迪纳·圣吉宏著;骆燕灵,
郑乐吟译.--上海:华东师范大学出版社,2022
("轻与重"文丛)
ISBN 978-7-5760-3199-7

Ⅰ.①美… Ⅱ.①巴… ②骆… ③郑… Ⅲ.①美学—
研究 Ⅳ.①B83

中国版本图书馆 CIP 数据核字(2022)第 158072 号

华东师范大学出版社六点分社

企划人 倪为国

Le Pouvoir Esthétique
by Baldine Saint Girons
Copyright © Éditions Manucius,2009
Published by arrangement with éditions Manucius
Simplified Chinese translation copyright © 2022 by East China Normal
University Press Ltd.
All rights reserved.
上海市版权局著作权合同登记 图字:09 - 2012 - 769 号

"轻与重"文丛
美学权力

主　　编　姜丹丹
著　　者　(法)巴尔迪纳·圣吉宏
译　　者　骆燕灵　郑乐吟
责任编辑　高建红
责任校对　古　冈
封面设计　姚　荣

出版发行　华东师范大学出版社
社　　址　上海市中山北路 3663 号　邮编　200062
网　　址　www.ecnupress.com.cn
电　　话　021 - 60821666　行政传真　021 - 62572105
客服电话　021 - 62865537
门市(邮购)电话　021 - 62869887
地　　址　上海市中山北路 3663 号华东师范大学校内先锋路口
网　　店　http://hdsdcbs.tmall.com/

印 刷 者　上海盛隆印务有限公司
开　　本　787×1092　1/32
印　　张　8
字　　数　120 千字
版　　次　2022 年 10 月第 1 版
印　　次　2022 年 10 月第 1 次
书　　号　ISBN 978 - 7 - 5760 - 3199 - 7
定　　价　58.00 元
出 版 人　王　焰